MANUAL PARA LA VIGILANCIA PRIVADA

AVANZADO

Rafael Darío Sosa González

MANUAL PARA LA VIGILANCIA PRIVADA

AVANZADO

Rafael Darío Sosa González

TABLA DE CONTENIDO

· Análisis del riesgo 4 7
· Definicion 7
· Clases de riesgos: 7
· Fuentes del riesgo 7
· Grados del riesgo 9
· Niveles del riesgo 9
· Cuadro de indicios y factores de riesgo 10
· Ejercicio practico 11
· 2. Proceso de elaboracion de estudio de probabilidades 12
· Criminalistica 13
· objeto 13
· Clasificación de las Evidencias Físicas 14
· Pruebas Fijas 14
· Las Pruebas se Obtienen y Preservan mediante los Siguientes Métodos 14
· Pruebas Móviles 15
· Preservación de las Prueba 15
· Procedimiento en la Escena del Delito 15
· Fijación de las Evidencias por Medio de 16
· Aspectos Importantes del Croquis de la Escena del Delito 16
· Obljetivos y metas de la investigación 19
· Primeros auxilios 20
· Definición primeros auxilios 20
· Quemaduras 20
· Claficacion de quemaduras 20
· *Quemaduras de primer grado* 20
· *Quemadura de segundo grado* b 20
· *Quemaduras de tercer grado* 20
· Entre las recomendaciones generales se encuentran 21
· Quemaduras especificas 21
· Fracturas 22
· Fractura simple 22
· Fracturas abiertas 23
· El traslado innecesario de las víctimas de un accidente o de los enfermos graves es muy peligroso 23
· Arrastre 23
· Si en el recinto hay acumulación de gas o humo haga lo siguiente 24
· Muleta humana o de soporte 25
· Cargue de brazos 25
· Con ayuda de tres auxiliadores 26
· Con ayuda de cuatro auxiliadores 26
· Cargue de bombero 27

· Silla de cuatro manos 28
· Silla de dos manos.. 29
· Con ayuda de una cobija 29
· Paso de la cama a la camilla 30
· Se necesitan seis auxiliadores,.. 30
· Transporte adecuado 31
· Transporte en silla 31
· Transporte en camilla 32
· Apertura y cierre de la camilla 32
· Maneras de improvisar una camilla... 33
· Manera de transportar un lesionado en camilla 34
· Superación de un muro 35
· Transporte en vehículo 35
· Cómo colocar una camilla en la ambulancia 36
· Tome precauciones 38
· Toma de decisiones solucionde conflictos 41
· Tipos de toma de decisiones 42
· pasos para la toma de decisiones 42
· I. Definir el Problema 42
· II. Busca las Causas Potenciales del Problema 43
· III. Identificar Alternativas para Resolver el Problema............... 43
· IV. Seleccionar una alternativa para resolver el problema 44
· V. Establecer el plan de acción para la implementación de la mejor alternativa.
....44

· V. Establecer el plan de acción para la implementación de la mejor
alternativa 44
· VI. Monitorear la Implementación del Plan 45
· VII. Verificar si el plan ha sido efectivo o no.............................. 45
· Errores en la Toma de Decisiones 46
· Factores Psicológicos que Obstruyen las Decisiones Inteligentes 46
· Por qué algunas personas toman decisiones poco éticas 47
· Características de las decisiones organizacionales........................ 47
· Defensa personal.. 48
· ¿Porque se realiza calentamiento?... 50
· Efectos del calentamiento en el entrenamiento............................ 50
· ¿Que efectos produce el calentamiento en el organismo? 51
· Acondicionamiento físico 51
· Capacidades físicas 52
· Capacidades condicionales 52
· Capacidades coordinativas... 52
· Movilidad.. 53
· Defensa propia para práctica diaria.. 53
· Técnicas de patadas 54

· Técnicas de neutralización...55
· Defensa propia contra armas 55
· Caídas básicas:..55
· *Caídas* 55
· Técnicas de lanzamiento 56
· Protección de instalaciones 57
· 3.- Lineas De Seguridad Fisica...58
· Estudio del area periferica...61
· Estudio del conocimiento del entorno -   estudio   de
seguridad fisico...66
· I. descripcion general de la empresa 66
· 3.- Ubicación autoridades y servicios de emergencia.............................67
· II. terreno circundante 68
· III. caracteristicas del vecindario 68
· IV. perimetro 69
· V. instalaciones 72
· VI. iluminacion protectiva...76
· Escena de incidentes 77
· Escena del delito 77
· Clasificación de las Evidencias Físicas...77
· Definición de una prueba Física..78
· Tipos de pruebas físicas...78
· Pruebas fijas 78
· Pruebas móviles 79
· Definición de una Requisa de la escena del Delito...................................79
· Preservación de las Pruebas, Modelo de Rótulo 79
· Procedimiento en la Escena del Delito 79
· Salud ucupacional.. 80
· Ambientes propicios a los accidentes de trabajo 82
· Son ambientes morales propicios a los accidentes   de
trabajo... 83
· A 83
· B 83
· Riesgos:...84
· Otros riesgos 84
· Plan de evacuación.. 85
· Definiciones 86
· Análisis de vulnerabilidad...86
· Amenaza..86
· Alarma 86
· Brigada 87
· Contingencia... 87
· Cronograma de actividades 87
· Diagrama de piso 87

· Desastre 87
· Emergencia...

....87

· Evacuación 88
· Incendio 88
· Norma 88
· Plan para emergencias 88
· Primeros auxilios.. 89
· Que es el plan 90
· Definiciones 90
· Procedimientos operativos para emergencias................ 90
· Sistemas de protección para las emergencias 90
· La evacuación 91
· Conclusiones y recomendaciones 91
· Anexos 91
· Fases de desarrollo para la puesta en marcha................. 91
· Fisicos 92
· Electricos 92
· Ergonomicos.. 92
· Fisico-Quimico 92
· Publicos 92
· *Psicosociales* 93
· 2.- mision.. 93
· 3.- ejecucion 94
· Comunicación y preparación 94
· Procedimiento contra incendios 96
· Que hacer antes... 96
· Que hacer durante.. 96
· Que hacer despues 98
· Procedimiento de primeros auxilios 98
· Que hacer antes... 98
· Que hacer durante 99
· Que hacer despues 100
· Procedimiento en caso de terremoto............................... 100
· Que hacer antes... 100
· Que hacer durante 101
· Que hacer después 101
· Procedimiento de evacuación... 102
· Que hacer antes... 102
· Que hacer durante 103
· Que hacer depués 104
· Procedimiento en caso de amenaza terrorista   o Explosivos........................ 105

· Que hacer antes..105
· Que hacer duranté..105
· Que hacer despué.s..106
· Procedimiento en caso de inundación de la sede 106
· Que hacer antes..106
· Que hacer durante 106
· Que hacer después 107
· C. conformacion de brigadas..107
· Caracteristicas de los brigadistas 107
· Perfil...107
· Requisitos 108
· Marco legal. 108
· Distintivos 108
· Organigrama detallado de la brigada 109
· Trabajo en equipo y liderazgo 112
· Cualidades del lider..112
· El entorno del hombre de seguridad 112
· El trabajo en equipo y la comunicacion 113
· Formas positivas de interacción 114
· La cooperación necesita...115
· Ventajas de la cooperación...116
· Ventajas de la acomodación: 116
· La asimilación necesita: 117
· Ventajas de la asimilación 117
· Formas negativas de interacción 117
· Violencia intrafamilia.r..119
· ¿Quiénes nos irrespetaron.? 119
· Principales...119
· Secundarios 119
· Corregir con golpes o gritos, o amenazar físicamente. (verse vídeo
JONY LINGO)..121
· Corregir con golpes o gritos, o amenazar físicamente 121
· Errores aprendidos al presenciar escenas como estas......................122
· Consecuencia de maltratar a hijos 122
· Abuso verbal (groserías)..122
· Prudencia...124
· Justicia...124
· Fortaleza..124
· Templanza..124

CAPITULO I

ANÁLISIS DEL RIESGO

1. TEORIA DEL RIESGO

DEFINICION :

El riesgo es la proximidad o exposición voluntaria o involuntaria al peligro.

CLASES DE RIESGOS :

INOCENTE : Es cuando no se calcula, no se tiene en cuenta el peligro al que estamos expuestos, teniendo en cuenta que cualquier actividad por mínima que sea tiene riesgo.

CALCULADO : Es cuando al efectuar una actividad sabemos a ciencia cierta los peligros al que estamos expuesto, aceptamos el reto esperando actuar con profesionalismo y con los medios disponibles para prevenir o superar el peligro.

FUENTES DEL RIESGO

Es lo que origina el riesgo y se tienen tres fuentes en la seguridad Privada, vale aclarar que para la seguridad industrial existen otros tipos de fuentes de Riesgos Profesionales.

HUMANO : El hombre como tal es la mayor fuente de riesgo del mismo hombre, desde el inicio del hombre en la tierra, se ha buscado la Protección él mismo contra él mismo y contra otras. Con este concepto, se puede determinar que no solo existe el riesgo de otros, si no de nosotros mismo en el desarrollo de nuestra actividades, por ello están importante nuestra actitud y nuestras aptitudes para cumplir con la labor encomendada. El hombre por su naturaleza misma, desde su creación es débil ante propuestas ilegales y tentadoras, ante esto debemos tener esa convicción férrea de nuestros principios morales, pero también se determina que el hombre es débil ante el cansancio, la pereza, la enfermedad, por ello debemos estar preparados física y mentalmente. El otro lado del riesgo humano, es la delincuencia, que en sus diferentes modalidades y tipos, buscan el mal de otros, sin importar los medios utilizados y los daños que puedan causar. (Ver Modus Operandi).

TECNICO : Son todos aquellos medios técnicos que le dan al G.S. para complementar el cumplimiento de sus funciones, armas, comunicaciones, documentación, informática, vehículos, sistemas electrónicos, que de no saber emplear no cumplen su objetividad y que de no hacerse un mantenimiento adecuado, en cualquier momento pasan de ser una fortaleza a una debilidad, que pone en riesgo la seguridad del puesto. La tecnología ha llegado para apoyar la actividad de vigilancia y no para desplazarlo, se utiliza como un complemento de la Seguridad, pero la delincuente no se ha quedado atrás, empleando para ello una tecnología mas avanzada o buscando el medio para quebrantar los dispositivos que se han colocado, efectúan Monitoreo de comunicaciones, seguimiento, vigilancia electrónica, armamento sofisticado, explosivos, etc. .

NATURALES : Son todos aquellos que son ocasionados por la naturales como sismos, terremotos, inundaciones, avalanchas, huracanes, etc. Hoy día estos fenómenos de la naturaleza, también pueden ser hechos por el hombre y son difíciles de contener, debemos estar preparados para que en caso de sucederse se pueda minimizar los daños.

GRADOS DEL RIESGO

Para determinar el grado de riesgo de una persona, instalación o actividad, se tiene en cuenta la siguiente formula :

POSIBILIDAD O PROBABILIDAD +	VULNERABILIDAD = GRADOS DE RIESGO
PROBABILIDAD :	Es cuando un hecho se ha presentado con anterioridad y se puede probar que puede volver a ocurrir. La amenaza esta fundamentada y se sabe la dirección u objetivo de la amenaza
POSIBILIDAD:	Es un hecho que puede suceder, no hay pruebas y tampoco se ha presentado con anterioridad. No esta fundamentada y no se sabe la dirección u objetivo de la amenaza.
VULNERABILIDAD:	Debilidades, deficiencias que tenemos en el sistema de seguridad o que se pueden presentar por fallas en un sistema optimo. Este factor mas la probabilidad que el hecho fuera a ocurrir nos determina el Grado del Riesgo.

NIVELES DEL RIESGO

NIVEL REAL DE RIESGO	PROBABILIDAD O POSIBILIDAD DE REALIZARSE LA AMENAZA	VULNERABILIDADES MAS NOTORIAS	DESCRIPCION
DESCONOCIDO LEVE O RARO MUY BAJO	No se percibe presencia cerca o inmediata de peligro. SITUACION SEGURA	No configura riesgo alguno	Simples indicios poco preocupantes.
NORMAL APARENTE BAJO	La amenaza de realizarse es el resultado de la casualidad. POSIBILIDAD	Se esta considerando como un blanco de la delincuencia	Situación general Normal, se requiere de Observación. Es manejable.

MODERADO FRECUENTE MEDIO	Se presentan indicios de amenaza, o peligro. PROBABILIDAD	Ausencia de medidas de Seguridad. Falta actitud preventiva.	La amenaza o peligro es preocupante, sensación de inseguridad.
GRAVE PERIODICO ALTO	La amenaza se materializa, aparece el terrorismo y actividades delictivas. MATERIALIZACION	Ausencia de medidas de Seguridad, Defensivas, Preventivas	Peligro serio y Directo, la Desprotección llega a los Limites de la impotencia para garantizar la seguridad.
PELIGROSO PERMANENTE MUY ALTO	La amenaza se realiza en forma continua, grave y frecuente. SITUACION DE CRISIS	El sistema en su totalidad fallo. Se presenta la crisis.	Peligro cierto y Mortal. La inseguridad afecta todos por igual.

Observación : Diferentes autores que han escrito sobre los grados de Riesgos, definen a estos de diferente modo, por lo que se colocaron tres nombres diferentes que son validos en seguridad.

NOMBRE DE LA
EMPRESA : ________________________________

CARACTERISTICAS	NO	A VECES	SI	POR QUE ?
	2	3	5	
LA EMPRESA DONDE LABORO SOBRESALE DE LAS OTRAS EMPRESAS				
EN LA EMPRESA DONDE PRESTO LA VIGILANCIA SE GENERAN SENTIMIENTOS DE ENVIDIA - RESENTIMIENTO				
LA EMPRESA MUEVE GRANDES CANTIDADES DE CAPITALES				
LA EMPRESA MANEJO GRAN CANTIDAD DE EFECTICO				
DESCONFIA DE LOS EMPLEADOS				
EN EL INTERIOR Y ENTORNO DE LA EMPRESA SE CONOCEN LOS SALARIOS DE LOS EJECUTIVOS				
LA EMPRESA ES MULTINACIONAL				
LA EMPRESA ASUME POSICIONES RADICALES, INJUSTAS Y/O HUMILLATIVAS				
LA EMPRESA TIENE UNA RECONOCIDA PUBLICIDAD				
EXISTEN FUNCIONARIOS DE LA EMPRESA QUE PUEDAN SER SECUESTRADOS – EXTORSIONADOS				
LA EMPRESA A SIDO OBJETIVO DEL TERRORISMO O DELINCUENCIA				
HA NOTADO MOVIMIENTOS EXTRAÑOS EN EL INTERIOR				
HA NOTADO MOVIMIENTOS EXTRAÑOS EN EL ENTORNO				

SE CONSIDERA LA EMPRESA OBJETIVO TERRORISTA				
LOS FUNCIONARIOS -EMPLEADOS UTILIZAN ALTO PERFIL				
NO EFECTUAN PROCESO DE SELECCION DE PERSONAL Y ESTUDIO DE SEGURIDAD PERSONAL				
HAY CARENCIA DE LAS AUTORIDADES EN LA ZONA				
LA VISIBILIDAD AL INTERIOR ES FACIL				

*** el cuadro continua en la siguiente página.**

LA VIGILANCIA PRIVADA ES MALA				
EXISTEN ADECUADOS CONTROLES DE ACCESO DE PERSONAL				
LOS CONTROLES INTERNOS DE TRAFICO SON MALOS				
EXISTE PARQUEDERO EN LA EMPRESA				
SON INADEECUADOS LOS CONTROLES DE ACCESO DE PERSONAL AL EDIFICIO				
EXISTEN EN LOS ALREDEDORES PARQUEADEROS				
CARECEN DE EQUIPOS DE SEGURIDAD : CAMARAS - SISTEMAS ELECTRONICOS DE SEG. – ALARMAS				
NO ACEPTAN Y APLICAN LAS SUGERENCIAS QUE DA EL SERVICIO DE VIGILANCIA O AUTORIDADES				
CARECEN DE PLANES DE EMERGENCIA EN LA EMPRESA				
LOS EMPLEADOS CARECEN DE CAPACITACION CONTRA LOS ACTOS TERRORISTAS				
TOTAL DE PUNTOS				

CALIFICACION DEL RIESGO	PUNTAJE
MUY ALTO	103 A 140 PUNTOS
ALTO	DE 85 A 102 PUNTOS
MEDIANO	DE 57 A 84 PUNTOS
BAJO	DE 56 PUNTOS PARA ABAJO

EJERCICIO PRACTICO :

Haga un análisis del puesto de Vigilancia donde labora.

Sugiera 5 características no contempladas en este Cuadro de indicios.

2. PROCESO DE ELABORACION DE ESTUDIO DE PROBABILIDADES

El proceso de elaboración del estudio de probabilidades consta de tres fases, así :

DESCRIPCION : La primera fase, es la descripción total del sitio donde se va ha realizar el estudio de probabilidades, parte externa, que es el entorno, parte media, que son las barreras perimétricas y la parte interna que son las instalaciones, esta descripción tiene que ser al detalle por lo que se recomienda emplear cámaras fotográficas, de vide y/o grabadora, elaborar croquis

ANALISIS : Una vez obtenida la descripción y de haber conocido el sitio al detalle, se hace un análisis de los sistemas de protección existentes con respecto a los actuales riesgos y vulnerabilidades.

CONCLUSION Y RECOMENDACIóN: En esta fase se determinara el grado de Riesgo del sitio y se presentaran propuestas para minimizar los riesgos y desaparecer las vulnerabilidades, fortaleciendo el sistema de protección.

CAPITULO II

CRIMINALISTICA

OBJETIVO:

Identificar las técnicas básicas para la conservación de la escena del delito Evitando la perdida de pruebas importantes dentro de un proceso judicial

ESCENA DEL DELITO

OBJETO:

Descubrir

Revelar

Producir

Transportar

Conservar y

Estudiar las Evidencias

Demostrar

Clasificación de las Evidencias Físicas

Armas, Municiones y/o Explosivos

Fluidos Orgánicos (Sangre, Saliva, Semen, Etc.)

Impresiones Latentes, Dactilar

Impresiones de Zapatos y Neumáticos

Marcas dejadas por Herramientas

Documentos Dudosos o Sospechosos

Tierra, Barro o Polvo

Pruebas Varias Producidas por Transparencia o rastreo, Tales como Pelos, Fibras, Residuos de Pintura, Residuos de Explosivos, Etc.

DEFINICIONES FISICAS

Cualquier Material por microscópico que sea, Sólido, Liquido o Gaseoso, puede servir para la determinación de la Verdad Durante la Investigación

Pruebas Fijas

No Pueden Moverse por su Tamaño Peso o Cualidades

Las Pruebas se Obtienen y Preservan mediante los Siguientes Métodos

Fotografías

Dibujos Escala

Levantamiento de Impresiones Latentes

Moldes de Yeso, Arcilla, Etc.

Las demás Técnicamente producidas

Pruebas Móviles

Pueden Transladar5se desde la Escena del Delito y Deben Preservarse en Forma Adecuada Tales como:

Armas

Fragmentos de Vidrio

Pelos

Fibras, Etc.

REQUISA DE LA ESCENA DEL DELITO

Preservación de las Prueba

Debidamente Protegidas:

Embaladas

Rotuladas

Transportadas

Procedimiento en la Escena del Delito

Protección y Aislamiento de la Escena del Delito

Aproximación e Ingreso a la Escena del Delito

Procedimiento Técnico de Reconocimiento,

Búsqueda y Recolección de Evidencias

Sistema de Búsqueda punto a punto

Por Sector

Concéntrico

Espiral

Identificación y Aislamiento de Testigos

Retención e Identificación de Sospechosos

Fijación de la s Evidencias por Medio de:

Fotografía de la Escena como de las Pruebas Físicas

Croquis de la Escena del Delito

Descripción Narrativa de la Escena del Delito

Preparación de la Escena del Delito para Levantamiento de Impresiones Latentes

Aspectos Importantes del Croquis de la Escena del Delito

Registrar la Ubicación Exacta de la Evidencia y la Relación de ÉSTA CON EL Medio que la Rodea

Registrar de manera permanente situaciones que no se puedan Captar Fácilmente por medio de Fotografías y Descripciones Habladas, Debido a:

Que una fotografía solo muestra un área o parte de la escena del delito

Una fotografía no siempre muestra profundidad, Longitud, Altura y Anchura

La distancia o Escala de un área extensa no se puede mostrar en una fotografía

La relación Verdadera y Precisa de Varios Objetos no se puede determinar en una fotografía

La perspectiva y proporción de la foto son afectadas por el ángulo de la Cámara y la Distancia del Objeto.

Eliminar los detalles confusos e innecesarios que aparecen en las fotografías

Es un error bastante común colocar demasiados detalles en un croquis

El croquis debe mostrar y ubicar únicamente aquellos de importancia en la escena del delito.

Refrescar la memoria del investigador

Ayudar en la entrevista de testigos y sospechosos.

Ayudar a que el fiscal o juez comprenda mejor las condiciones que prevalecieron en la escena del delito.

Ayudar a la correlación de los testimonios dados por los testigos.

REGLAS GENERALES PARA LA ELABORACIóN DEL CROQUIS

Determinar la dirección del norte

Registrar en el croquis todas las medidas tomadas

debe contener solo los aspectos esenciales

Anotar todas las medidas, Apuntes y explicaciones

Señalar las puertas y las ventanas e indicar la dirección hacia donde se abren.

Los croquis borrador deben anexarse al informe de la investigación

Asegure que toda la información es VERAZ y completa.

ASPECTOS IMPORTANTES PARA LA TOMA DE FOTOGRAFIAS

Vías de acceso a la escena

Areas circundantes Tomar fotografías de primer plano de la entrada y salida de la escena

Una fotografía de la escena con relación a la habitación o área donde se cometió el ilícito.

Por lo menos dos fotografías del lugar de los hechos en ángulos de 90° entre si,

Se tomaran las fotografías necesarias que muestre las heridas o contusiones y las armas que estén cerca del cuerpo y los alrededores

Una vez retirado el cuerpo y las pruebas tomaran fotografías del lugar

Las huellas digitales que no requieren revelado y el lugar donde se hallan descubierto

Manchas de sangre o material orgánico incluyendo la ubicación

Fotog5afias de primer plano0 de los elementos dañados, tales cajas fuertes, Joyeros, Puertas, Muebles y demás.

Marcas de Herramientas

OBLJETIVOS Y METAS DE LA INVESTIGACIóN

Establecer que se a cometido un delito

Identificar a la víctima

Establecer las circunstancias de lugar , tiempo y modo

Individualizar al responsable.

Probar la responsabilidad.

CAPITULO III

PRIMEROS AUXILIOS

DEFINICIóN PRIMEROS AUXILIOS

Son las primeras atenciones de urgencia e inmediatas que se le prestan a una persona víctima de un

Accidente, de enfermedades repentinas.

QUEMADURAS

El objetivo es lidiar el dolor y evitar la infección, inicialmente

CLAFICACION DE QUEMADURAS:

QUEMADURAS DE PRIMER GRADO: Reconocidas por el enrojecimiento de la piel.

QUEMADURA DE SEGUNDO GRADO: Por la piel enrojecida y la formación de

Ampollas.

QUEMADURAS DE TERCER GRADO: Por la destrucción de la piel.

Entre las recomendaciones generales se encuentran:

Si las ropas sé incendian no se debe correr, ni quedarse de pie. Se apagan las llamas envolviéndose en una manta, rodando por el suelo o manteniéndose bajo la ducha abierta si es posible.

Cortar las ropas del área afectada.

Cubrir las quemaduras con gasa esterilizada, pañuelo, sabana y similares

Limpios, dejándolas allí para ser retiradas por el servicio medico.

No aplicar ungüentos, aceites ni antisépticos.

Obtener lo mas pronto posible ayuda medica.

QUEMADURAS ESPECIFICAS.

En caso de que el paciente haya inhalado vapores, es posible que se produzcan quemaduras en las fosas nasales y vías respiratorias. En estos casos haga lo siguiente:

Retire a la víctima del lugar donde se produjo el accidente.

Si esta consiente, dele de beber leche para proteger la mucosa del tubo digestivo.

Lo mas pronto que pueda lleve al paciente a un centro medico.

Dele respiración artificial, si lo considera necesario.

Apague el fuego de la víctima. Utilice una cobija.

Aplique agua fría.

Cubra las lesiones compresas o tela limpia para evitar la infección.

Quemaduras por electricidad.

Para rescatar la victima, parece sobre alguna superficie de caucho.

Retírela de la fuente eléctrica con un objeto de madera o plástico ya que son conductores de electricidad, no la toque directamente con sus manos porque usted puede recibir la carga eléctrica.

Valore la respiración y pulso, si observa que no están presentes, de respiración artificial o masaje cardiaco, según el caso.

FRACTURAS

La rotura de un hueso, es la fractura, hay dos clases principales:

FRACTURA SIMPLE

Colocar el miembro lesionado en posición natural, buscando la comodidad de la víctima.

Hacer las tablillas de longitud suficiente para que sobrepasen las articulaciones involucradas, amarrándolas con vendajes, cinturones, corbatas y similares.

FRACTURAS ABIERTAS

Igual el tratamiento en fracturas simples y las observaciones iniciales.

EVACUACIONES Y TRANSPORTE DE HERIDOS

El traslado innecesario de las víctimas de un accidente o de los enfermos graves es muy peligroso.

Transpórtelas con seguridad!

Al trasladar un accidentado o a un enfermo grave, se deberá garantizar que las lesiones no aumentaran. Ni se le ocasionaran nuevas lesiones o se complicara su recuperación ya sea por movimientos innecesarios o transporte inadecuado

Es mejor prestar la atención en el sitio del accidente. a menos que exista peligro inminente para la vida de la victima o del auxiliador como en un incendio. peligro de explosión o derrumbe de un edificio.

Una vez que haya decidido cambiar de lugar a la víctima. Considere tanto la seguridad de la víctima como la suya. Tenga en cuenta los peligros que enfrenta, el tamaño y el estado de la víctima. También tenga en cuenta su propia capacidad, así como la presencia de otras personas que puedan ayudarle

MÉTODOS PARA LEVANTAR UNA PERSONA

Arrastre

Se utilizan cuando es necesario retirar una víctima del área de peligro a una distancia no mayor de 10 metros y cuando el auxiliador se encuentra solo. No debe utilizarse cuando el terreno sea desigual o irregular (piedras, Vidrios, escaleras).

Desplácese hacia delante llevando la víctima con usted

Coloque los brazos cruzados de la víctima sobre el tórax. Sitúese detrás de la cabeza y colóquele sus brazos por debajo de los hombros, sosteniéndole con ellos el cuello y la cabeza.

Arrástrela por el piso.

Si la víctima tiene un abrigo o chaqueta. desabroche y hale de él hacia atrás de forma que la cabeza descanse sobre la prenda. Arrástrela por el piso, agarrando los extremos de la prenda de vestir (abrigo, chaqueta o camisa)

Si en el recinto hay acumulación de gas o humo haga lo siguiente:

Si la víctima está consciente y no puede movilizarse. arrodíllese y pídale que pase los brazos alrededor de su cuello, entrelazando las manos.

Si esta inconsciente, sujétele las manos con una venda a la altura de las muñecas y realice el mismo procedimiento. Si la víctima es muy grande usted puede usar el arrastre de los pies asegurándose que la cabeza de la víctima no se lesione con un terreno desigual o irregular.

Muleta humana o de soporte

Se utiliza cuando la persona necesita ayuda para caminar por debilidad, por haber permanecido largo tiempo en cama o por lesiones en miembros inferiores.

NO debe emplearse en caso de existir lesión en columna vertebral,

Colóquese del lado lesionado de la víctima -

Tome el brazo más cercano a usted y páselo alrededor de su cuello y sosténgale la mano.

Pase su brazo alrededor de la cintura de la víctima sosténgala firmemente y avancen despacio; la víctima con el pie del lado lesionado y el auxiliador con el lado opuesto. Si no puede apoyar el miembro lesionado, la víctima se desplaza dando brincos cortos con la pierna sana,

Cargue de brazos

Cuando la víctima es de Bajo peso.

Pase un brazo por debajo de los muslos de la víctima.

Colóquele el otro brazo alrededor del tronco. por encima de la cintura y levántela.

Con ayuda de tres auxiliadores:

Colóquense a un lado de la víctima y arrodíllense:

El auxiliador numero 1 pasa un brazo por debajo de la cabeza hasta el hombro y el otro por la parte inferior de los hombros.

El numero 2 pasa un brazo por debajo de la cintura y el otro por debajo de la parte inferior de los glúteos

El número 3 coloca uno de sus brazos por debajo de las rodillas y el otro por debajo de los tobillos.

A una orden levántenla y colóquenla en línea recta sobre sus rodillas. Acomoden sus manos. A una orden pónganse de pie y acérquenla hacia su cuerpo.

Camine lentamente, iniciando la marcha con el pie izquierdo.

Con ayuda de cuatro auxiliadores

Coloquen la víctima boca arriba.

Tres auxiliadores se arrodillan a un lado de la víctima colocando una rodilla en tierra. (Foto 13~12) (la que está más cerca de los pies).

Ubicación de las manos.

El auxiliador número 1 coloca una mano por debajo de los hombros de la víctima y la otra mano la coloca por encima de la cintura de ésta.

El auxiliador número 2 coloca una mano en la región glútea, la otra mano en la parte superior de los muslos.

El auxiliador número 3 coloca una mano ligeramente abajo de las rodillas y la otra mano en los pies.

FI auxiliador número 4 se coloca a la cabeza

Se coordinan para ubicar las manos

A una orden, levanten la víctima sobre sus rodillas y acomoden sus manos.

A una orden pónganse de pie simultáneamente y caminen de lado

Para bajar la víctima hacia el suelo

o camilla, el procedimiento se invierte.

Cargue de bombero

Se utiliza para transportar niños o adultos de bajo peso, que NO tengan lesiones de columna, en caso de incendio, presencia de gases tóxicos o cuando no se dispone de ayuda. Este método le permite hacer el traslado en distancias mayores a 10 metros. Cruce las piernas de la víctima. Póngase de rodillas a la cabeza de la víctima. Meta una mano bajo la nuca y la otra mano bajo los omoplatos.

En un sólo movimiento siente la víctima, acercándose contra ella o sosteniéndola con una pierna

Coloque los brazos por debajo de las axilas de la víctima, cogiéndole los antebrazos

Póngase de pie con la espalda recta (haciendo el trabajo con las piernas y levante la víctima hasta cuando quede de pie. Sosténgala.

Extiéndale el brazo izquierdo agáchese posando su cabeza por debajo del brazo extendido de la víctima.

de tal manera que su hombro izquierdo quede a la altura del abdomen de ésta. Coloque su brazo izquierdo alrededor de las piernas de la víctima.

Pase el brazo derecho de la víctima sobre su cuello y sosténgala contra su cuerpo, sin soltarle el otro brazo. Gire hacia adelante colóquese frente a la víctima, sin soltarla. sosteniéndola a nivel de la cintura (de la pretina o cinturón), tomándole firmemente de la muñeca izquierda.

Levántese lentamente y hale la víctima de forma que ésta quede sobre su hombro izquierdo. Agarre firmemente la muñeca izquierda de la víctima con su mano izquierda. Sosténgale las pierna

Silla de cuatro manos

Sirve para transportar personas que están conscientes y pueden colaborar con los auxiliadores. Para utilizar este método se necesitan 2 auxiliadores.

Colóquense detrás de la víctima con una rodilla en tierra.

Entrecrucen sus manos.

Pídanle que coloque los brazos alrededor de sus cuellos y se siente en la silla formada con sus manos.

Levántense y caminen con paso lento iniciando la marcha con el pie que está lejos de la víctima.

Silla de dos manos

Se usa cuando la víctima esta consiente y no puede caminar.

Los dos auxiliares deben ponerse frente a frente *con* la víctima

Entre ellos; cada uno debe entrecruzar un *brazo* por debajo de la cadera y otro por detrás de la espalda de la víctima. Inicien la marcha con el pie que esta lejos de la víctima.

Con ayuda de una cobija

Para levantar un lesionado o enfermo con ayuda de una cobija o

frazada se necesitan de 3 a 5 auxiliadores.

Se usa cuando no se cuenta con una camilla y la distancia a recorrer es corta. **NO**

Se debe usar este método si se sospecha lesiones en la columna vertebral.

Coloquen la frazada o cobija doblada en acordeón a un lado de la víctima.

Dos auxiliadores se colocan arrodillados junto a la víctima y la acomodan de medio lado (uno de los auxiliadores la sostiene de la cadera y las piernas. el otro de la espalda y la cabeza) el tercero acerca la cobija o frazada y la empuja de tal manera que le quede cerca de la espalda.

Coloquen nuevamente la víctima acostada sobre la espalda y ubíquense para proceder a levantarla:

Cuatro auxiliadores se colocan arrodillados al lado y lado de ésta:

Dos en la parte superior, toman la cobija o frazada a la altura de los hombros y de la cintura de la víctima, dos en la inferior la toman a la altura de la cintura y de las piernas, y el quinto detrás de la cabeza.

A una orden póngase de pie y caminen lentamente de medio lado, iniciando la marcha con el pie que queda mas cerca de los pies del lesionado.

Paso de la cama a la camilla

Para preparar el traslado se necesita una sábana o cobija; la cama y la camilla deben estar a la misma altura.

Se necesitan seis auxiliadores,

dos se colocan al lado de la cama, dos al lado de la camilla y los otros sostienen la camilla. Halen los extremos de la sábana o cobija que está en la cama del paciente. para evitar que quede enrollada debajo de su cuerpo. Enrollen los bordes de la cobija o frazada, rodeando el cuerpo de la víctima.

A una orden, levanten el paciente de la cama y trasládenlo a la camilla.

Los dos auxiliadores que sostienen la camilla la colocan en el suelo y se ubican para el desplazamiento. El auxiliador que está a los pies debe girar para iniciar el transporte.

Transporte adecuado

Un lesionado puede ser transportado utilizando diferentes elementos como: silla, camilla y vehículo: su uso depende de las lesiones que presenta, de la distancia y de los medios que se tenga para hacerlo.

Transporte en silla

Se usa cuando la persona está consciente y NO tiene lesiones severas. Especialmente si es necesario subir o bajar escaleras.

Debe tenerse la precaución de que el camino esté libre de obstáculos. para evitar que los auxiliador se resbalen. Para emplear este método de transporte se necesitan 2 auxiliadores.

Verifique que la silla sea fuerte

Siente a la víctima en la silla

Sino puede sentarse sin ayuda, hagan lo siguiente:

Cruce las piernas de la víctima, un auxiliador se pone de rodillas a la cabeza de la víctima.

Meta la mano bajo la nuca. La otra mano bajo los omoplatos.

Manual de Primeros Auxilios y Autocuidado

En un solo movimiento siente la víctima. acercándose contra ella o sosteniéndola con una pierna.

Coloque un brazo por debajo de las axilas de la víctima cogiendo el brazo cerca de la muñeca.

Con su otra mano tome de igual forma el otro brazo y entrecrúcelos apoyando la cabeza contra el auxiliador. sostenga el tronco de la víctima entre sus brazos. Póngase de pie con la espalda recta, haciendo el trabajo con las piernas, mientras el otro auxiliador le sostiene las piernas a la víctima.

A una orden, levántense simultáneamente y colóquenla víctima en la silla

Asegúrenla en la silla con unas vendas o cinturones y colóquense a lado y lado de l víctima.

Para levantar la silla, inclinen la silla hacia atrás, para que la espalda de la víctima quede contra el espaldar de la silla.

A una orden, levante simultáneamente la silla y caminen lentamente

Transporte en camilla

Las camillas mas utilizadas para el traslado de personas gravemente enfermas o de las víctima s de un accidente son generalmente de lona resistente, de 2 metros de largo por 50 cms. De ancho; a cada lado tienen una vara.

Apertura y cierre de la camilla

Para abrirla, coloque la camilla con los travesaños hacia usted y empújelos con el pie.

Para cerrarla. coloque la camilla con los travesaños articulados hacia usted, empuje con el pie las articulaciones de los travesaños hacia adentro. para soltarlos. Junte las varas, tirando de la lona hacia afuera y doble cuidadosamente la lona sobre las varas.

Otras camillas

Rígidas para transportar lesionados de columna; Estas son de madera, metálicas o acrílico, especiales para rescate como la "miller" .

Maneras de improvisar una camilla

Una camilla se puede improvisar de la siguiente manera:

Consiga 2 o 3 chaquetas o abrigos y 2 palos fuertes.

Coloque las mangas de las prendas hacia adentro.

Pase los palos a través de las mangas.

Abotone o cierre la cremallera de las prendas.

Divida la cobija imaginariamente en tres partes coloque un palo en la primera división y doble la cobija

Otra forma de improvisar una camilla es la siguiente:

Consiga una frazada o cobija y dos palos fuertes.

Extienda la cobija *o* frazada en el suelo.

Coloque el otro palo a 15 cms. del borde de la cobija y

Manera de transportar un lesionado en camilla

Para transportar una persona en camilla ,debe Colocarse de tal forma que esta mire hacia adelante.

Si está inconsciente o si sospecha de una lesión en cuello o columna vertebral. asegúrela a la camilla con ayuda de vendas. De igual manera si el terreno es muy accidentado y largo.

Si hay 4 auxiliadores. se ubican dos

auxiliadores en la parte superior y

dos en la parte inferior.

A una orden. levántense simultáneamente.

Los auxiliadores que están a la cabeza de la víctima. inician la marcha uno con el pie derecho. el otro con el izquierdo y los otros con el pie contrario.

Durante el transporte deben observarse las reacciones que presenta la víctima.

Al subir o bajar las escaleras, tenga la precaución de mantener la víctima en posición horizontal .

Y que la ubicación de la cabeza facilite la observación por parte de los auxiliadores.

Cuando avancen por terreno accidentado, mantenga la camilla lo mas horizontal posible.

Y *al* descender, cuando la víctima presenta lesiones en extremidades inferiores o se encuentra en esta do de shock coloque la cabeza hacia delante.

Superación de un muro

Eviten superar un muro aunque ello obligue a recorrer un trayecto mayor. Sin embargo, si no hay ninguna salida, sigan este procedimiento.

Levanten la camilla y déjenla sobre la pared.

Los auxiliadores delanteros tienen que cruzar el muro, mientras los otros sostienen la camilla.

Los Cuatro auxiliadores vuelven a levantar la camilla y la desplazan hacia delante, hasta que los extremos traseros de las varas se encuentran rozando el costado del muro quedando sostenida por los auxiliadores que han pasado el **muro.**

Entonces los dos auxiliadores cruzan el muro y efectúan el traslado en forma habitual.

Transporte en vehículo

Las víctimas de un accidente de preferencia deben ser transportadas en una ambulancia. Si no se dispone de esta,. se utiliza un vehículo ancho donde puedan ir acostadas en el en el suelo. Sobre el suelo o una camilla.

Cuando avancen por terreno accidentado, mantenga la camilla lo mas horizontal posible.

lesiones leves que puedan ir sentadas.

El auxiliador debe ir controlando pulso, respiración y estar atento a la aparición de cualquier otra manifestación, para prestar la atención pertinente durante el transporte.

El vehículo debe ser conducido a una velocidad moderada. los arranques y paradas deben ser suaves, para no causar más lesiones.

No se deben transportar sentadas las personas con paro cardiorespiratorio. lesiones abdominales. fracturas de cráneo, muslo, piernas, pelvis y lesiones en espalda.

Cómo colocar una camilla en la ambulancia

Para colocar una camilla en el interior de una ambulancia se requieren 2 auxilliadores.

Levanten simultáneamente la camilla hasta el nivel del piso de la ambulancia.

Introduzcan la camilla en el interior de la ambulancia. teniendo la precaución

que la cabeza de la víctima valla hacia adelante.

Para bajar la camilla de la ambulancia el procedimiento se invierte.

Cuando se trata de ambulancia que tiene rieles o guías para que las camillas queden aseguradas, se necesitan 2 auxiliadores para colocar la camilla en el interior de la ambulancia.

Los auxiliadores se colocan a los lados de la camilla para ayudar a levantar y ubicar en los rieles. A continuación, uno de los auxiliadores se coloca en el interior de la ambulancia y el otro empuja la camilla al interior de la ambulancia. No cause más daño

Para evitar mayores lesiones en el traslado de las víctimas de un accidente o enfermo se debe:

Asegurar que las vías respiratorias estén libres de secreciones.

Controlar las hemorragias antes de moverla.

Inmovilizar las fracturas

Verificar el estado de conciencia. Sí se encuentra inconsciente. *como resultado de* un *traumatismo,*

Considérela como lesionada de columna vertebral

Evite torcer o doblar el cuerpo de una víctima con posibles lesiones en *la* cabeza o columna

Utilizar una camilla dura cuando sospecha fractura de columna vertebral. No deben ser transportadas sentadas las personas con lesiones en la cabeza. espalda. cadera o pierna.

Seleccionar el método de transporte de acuerdo con la naturaleza de la lesión, número de ayudantes. material disponible. contextura de la víctima *y* distancia a recorrer.

Los auxiliadores se colocan a los lados de la camilla transporte que requiera más de 2 auxiliadores. En estos casos uno de los auxiliadores debe hacerse cargo de dirigir todo el procedimiento

Tome precauciones

Para lograr una mayor estabilidad y equilibrio de su cuerpo. separe ligeramente los pies y doble las rodillas. NUNCA la cintura. La fuerza debe hacerla en las piernas y no en la espalda

Para levantar al lesionado. debe contraer los músculos de abdomen y pelvis manteniendo su cabeza y espalda recta.

NO trate de mover solo un adulto demasiado pesado. Busque AYUDA.

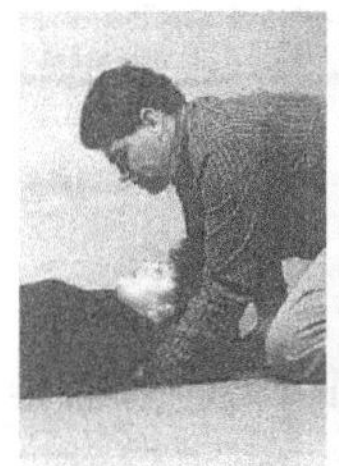

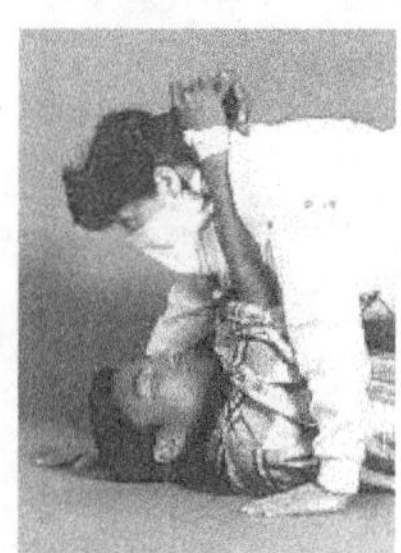
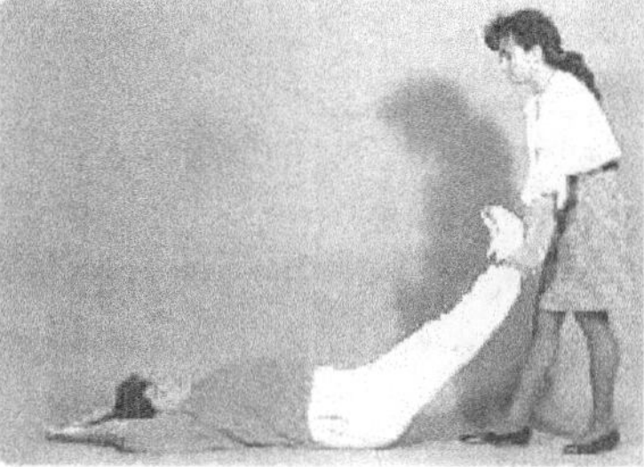

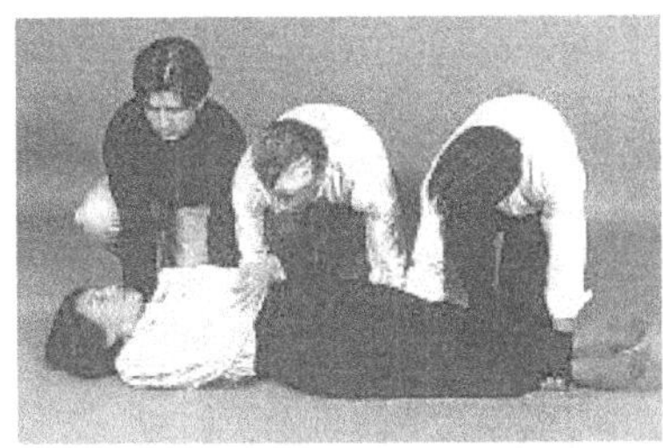

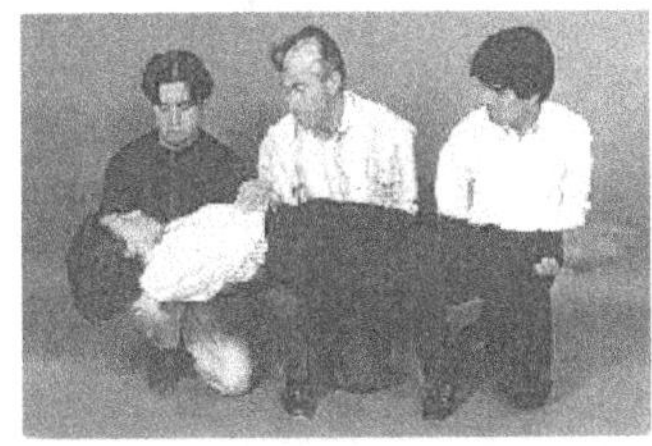
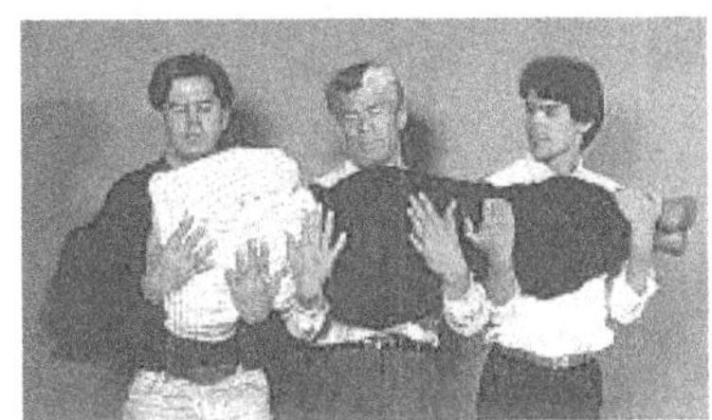

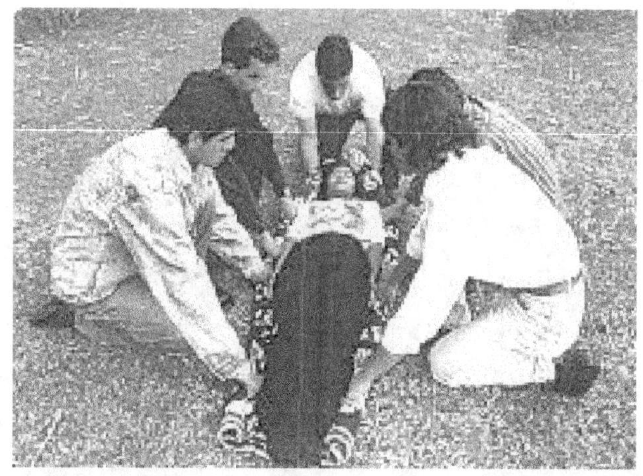

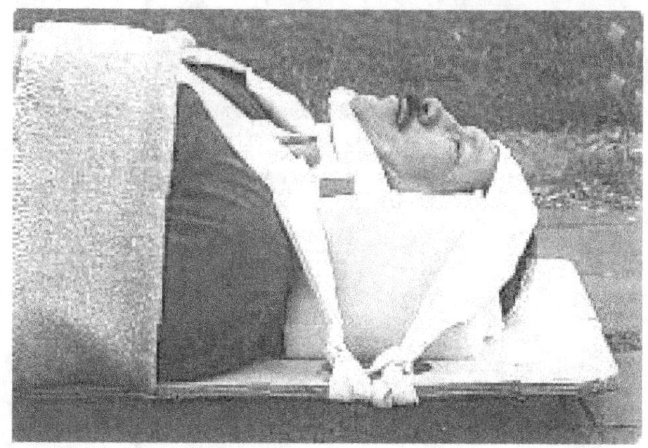

CAPITULO IV

TOMA DE DECISIONES

SOLUCION DE CONFLICTOS

SOLUCIóN DE PROBLEMAS Y TOMA DE DECISIONES

Mucho del trabajo que realizan los supervisores radica en la solución de problemas y toma de decisiones. A menudo lo hacen reaccionando ante ellas bajo el factor estrés o tiempo.

La Toma de Decisiones es una destreza que puede ser aprendida por todos y todas.

Existen dos tipos básicos de decisiones: las que se dan usando un proceso específico y aquellas que se dan por sí solas.

Ambos tipos proveen oportunidades y experiencias de aprendizaje. La ventaja de utilizar un proceso específico la toma de decisiones es que reduce los niveles de estrés.

Aquellas decisiones sabias son las que se toman utilizando un proceso definido.

Este proceso está basado en los valores y percepciones del aquel que toma la decisión. Incluye la consideración de alternativas y opciones a través de una evaluación periódica de las decisiones y sus efectos.

Cada "problema" puede ser visto como una "oportunidad" de cambio.

TIPOS DE TOMA DE DECISIONES

Programadas- es diseñado y planificado con procedimientos específicos.

No programadas- se dan de forma expontánea ó sin la programación que requiere la toma de decisiones.

Coercitivas – toma de decisiones obligada y sin la participación de las partes concernidas.

PASOS PARA LA TOMA DE DECISIONESI. Definir el Problema

Puedes preguntar a ti y a otros lo siguiente:

¿Qué crees que causa el problema?

¿Dónde, cómo y qué está pasando?

¿Con quién está pasando?

¿Por qué está pasando?

Describa de manera específica el problema.

Este proceso está basado en los valores y percepciones del aquel que toma la decisión. Incluye la consideración de alternativas y opciones a través de una evaluación periódica de las decisiones y sus efectos.

Es importante verificar el entendimiento de los problemas. Esto se puede lograr con el diálogo con un par para clarificar conceptos.

Otro aspecto a considerar es establecer un orden o prioridad en los problemas a tratar. Para ello es útil distinguir entre "urgente" e "importante".

El entender nuestro rol en el problema es importante, pues influye grandemente en como uno percibe el rol de los demás.

II. Busca las Causas Potenciales del Problema.

En esta fase es importante recibir la retroinformación de los que notan el problema o quienes están siendo afectados por él.

Escribe cuáles son tus opiniones y que has escuchado de otros.

Haz una descripción de la causa del problema, en términos de lo que está pasando, dónde, cuándo, cómo, con quién y por qué.

III. Identificar Alternativas para Resolver el Problema.

Desarrollar una "tormenta de ideas" para la solución del problema.

La "tormenta de ideas" consiste en colectar el mayor número de ideas posibles y lurgo cernir las mismas para encontrar la mejor idea.

IV. Seleccionar una alternativa para resolver el problema.

Se ha de considerar:

¿Cuál alternativa resolverá el problema a largo plazo?

¿Cuál alternativa es más realista al momento?

¿Qué recursos tenemos? ¿Están accesibles?

¿Tenemos el tiempo suficiente para implementar la alternativa?

¿Cuál es el riesgo asociado a cada alternativa?

V. Establecer el plan de acción para la implementación de la mejor alternativa.

Considerar lo siguiente:

¿Cómo la situación se verá cuando el problema sea resuelto?

¿Qué pasos se han de tomar para la implementación de la mejor alternativa para resolver el problema?

¿Qué sistemas o procesos deberían ser cambiados por una política o procedimiento?

V. Establecer el plan de acción para la implementación de la mejor alternativa.

Considerar lo siguiente (continuación):

¿Cómo sabemos que los pasos se están llevando a cabo?

¿Qué recursos se necesitan en términos de personas, facilidades y finanzas?

¿Cuánto tiempo se necesita para implementar la alternativa? Para ello es necesario la creación de una agenda.

¿Quiénes será responsable de asegurarse de la implementación del plan?

VI. Monitorear la Implementación del Plan.

Algunos aspectos a considerar:

Observar que se estén dando lo esperado a través de la implementación.

Cotejar que se esté llevando a cabo el itinerario o agenda programada.

Si el plan establecido no está dando los resultados esperados favor de revisar el plan.

VII. Verificar si el plan ha sido efectivo o no.

¿Qué sistemas o procesos deberían ser cambiados por una política o procedimiento?

Auscultar si los cambios realizados evitarán el mismo problema en el futuro.

Preguntarnos que hemos aprendido del proceso de toma de decisiones (conocimiento, entendimiento, destrezas).

Realizar un memorando que describa los logros del esfuerzo durante el proceso de resolver el problema y compartirlo con todos/as.

Errores en la Toma de Decisiones

Focalizarse en una sola fuente de información.

Sobreestimar el valor de la información recibida de **otros.**

Subestimar el valor de la información recibida de otros.

Escuchar y ver sólo lo que queremos.

No escucharnos

No ofrecer participación

Hacer de forma unilateral u obligada

Factores Psicológicos que Obstruyen las Decisiones Inteligentes

Rubin (1986) señaló que los siguientes factores

obstruyen las decisiones inteligentes. Estos son:

No estar en contacto con nuestros sentimientos.

Auscultar si los cambios realizados evitarán el mismo

Exagerar el punto de vista de uno.

Ser dependiente.

Pensamiento Mágico

Evadir la toma de decisiones.

Tomar decisiones apresuradas.

Postergar la toma de decisiones.

Tener instrucciones poco claras

Por qué algunas personas toman decisiones poco éticas

Por no tener la información correcta

Por anteponer sus intereses particulares

Por presión indebida

Por llevar la contraria o desear el fracaso de la tarea

Por miedo

Por tener motivaciones negativas

Características de las decisiones organizacionales

Son planificadas con tiempo

Proveen información adecuada

Involucran a todo el personal concernido

Elaboran un plan con fases, fechas y resultados a esperar.

Se da crédito a todos los participantes

Se basan en motivación positiva

Plantea planes alternos.

Provee tiempo razonable a los participantes para ejecutar la tarea.

No oculta o disfraza los verdaderos propósitos de la toma de decisión.

Considera todos los aspectos de la toma de decisión incluyendo los posibles obstáculos.

Elabora los criterios para evaluar la decisión.

CAPITULO V

DEFENSA PERSONAL

FORMAS DE CALENTAMIENTO

CALENTAMIENTO

Es el conjunto de actos y ejercicios previos a las grandes sesiones de entrenamiento, que se realizan para desperezar su organismo y garantizar su funcionamiento eficaz durante el esfuerzo principal, evitando así durante el transcurso de este se produzca la crisis y la acumulación de productos de desecho en los tejidos.

Tiene dos objetivos fundamentales ayudar a la prevención de lesiones y Preparar al atleta física, fisiológica y psíquicamente para el comienzo de una actividad más extensa de lo normal.

El calentamiento sea para un entrenamiento o para un partido se debe considerar dos partes: una general y una especifica.

La parte general se realiza por medio de carreras suaves y ejercicios de soltura y coordinación dirigidos a activar la circulación para que los grandes músculos y articulaciones entren en calor.

La parte especifica, como su nombre lo indica, prevé movimientos directamente relacionados con las actividades del deporte. Generalmente se utilizan ejercicios técnicos del entrenamiento, que buscan la puesta a punto del sistema neuromuscular y la revisión de la técnica a utilizar. Es decir, hay una participación muy activa del sistema nervioso.

¿PORQUE SE REALIZA CALENTAMIENTO?

Mejora la disposición neuromuscular al rendimiento.

Disminuye el peligro de lesiones.

Permite que el organismo pase por una serie de modificaciones que aseguran un aporte de oxigeno, materias nutritivas y un funcionamiento metabólico óptimos.

Aumenta la actitud mental para el entrenamiento.

EFECTOS DEL CALENTAMIENTO EN EL ENTRENAMIENTO

Varían según:

Tipo de calentamiento.

Motivación existente.

El estado de condición físico - técnico.

Nivel del deportista.

Carga del calentamiento (volumen e intensidad)

La edad.

La hora de día.

El medio ambiente.

La temperatura y otros factores climáticos.

¿Que efectos produce el calentamiento en el organismo?

Aumento en la temperatura corporal.

Disminución de la viscosidad muscular.

Aumento de la frecuencia del pulso.

Aumento de la presión sanguínea.

Intensificación de la respiración.

Liberación de glucosa por la circulación.

Distensión de tendones y ligamentos.

Aumento del volumen asistólico.

Dilatación de las arterias y capilares que suministran sangre a los músculos.

ACONDICIONAMIENTO FÍSICO

Es un trabajo físico gradual encaminado a la consecución de una eficiencia física, representado en un estado satisfactorio de desarrollo de las capacidades y las habilidades motrices del individuo, en correspondencia con su sexo, edad, talla y peso.

CAPACIDADES FÍSICAS

Las capacidades son condiciones biológicas particulares de cada individuo, necesarias para obtener un determinado rendimiento en la práctica de actividades motrices-físico-deportivas, por lo que representan un elemento significativo de la capacidad de rendimiento.

Las cualidades físicas se subdividen en Cualidades Condicionales y Coordinativas.

CAPACIDADES CONDICIONALES.

Las cualidades condicionales están determinadas por factores energéticos, son los encargados de obtener y transmitir energía tales como O2, glucógeno y ATP.

CAPACIDADES COORDINATIVAS.

Las cualidades coordinativas son cualidades sensomotrices que se aplican conscientemente en la dirección de movimientos componentes de una acción motriz, con finalidad determinada. Estas cualidades se caracterizan por el proceso de regulación y dirección de los movimientos.

Capacidad de regulación de movimientos.

Capacidad de adaptación de cambios motrices.

Capacidad de orientación.

Capacidad de equilibrio.

Capacidad de reacción.

Capacidad de ritmo.

Capacidad de anticipación.

Capacidad de diferenciación.

Capacidad de coordinación motriz o de acoplamiento.

Capacidades coordinativas complejas

MOVILIDAD

La movilidad que también se conoce como flexibilidad, es una capacidad física que NO se deriva de la obtención o transmisión de energía ni tampoco de proceso de regulación y dirección de los movimientos sino que está en dependencia de factores morfológicos: estructura de las articulaciones, elasticidad de los músculos, cartílagos y tendones.

Como los movimientos del cuerpo humano se posibilitan a través de las articulaciones, siempre que se habla de la capacidad movilidad se hace referencia en relación con el sistema de articulación. Por eso tenemos:

Movilidad de la columna vertebral.

Movilidad de la articulación de los hombros y brazos.

Movilidad de la articulación de la cadera y de las piernas.

DEFENSA PROPIA PARA PRÁCTICA DIARIA

Es el método tradicional de Defensa Personal que incluye un amplio repertorio de técnicas básicas basadas en maneras de zafarse de presas; torceduras, inmovilizaciones, golpes, modo de parar golpes y patadas . En este sistema el practicante aprende a infligir dolor para subyugar al oponente sin hacer daño.

Defensa propia contra armas

Sistema de defensa estilizado para contrarrestar ataques con armas blancas o contundentes (cachiporras, palos, etc.).

Técnicas de patadas:

Patada al frente: En posición alta, un pie adelante; elevar la rodilla al frente y proyectar la pierna recta hacia adelante, balanceando el cuerpo hacia atrás. El golpe se propina con el metatarso, con los dedos replegados atrás. El retroceso se hace doblando la pierna rápidamente.

Lateral: En posición   de jinete o a horcajadas cruzar la pierna por detrás hacia delante; elevar la rodilla hasta el abdomen y con el talón junto a la corva contraria propinar patada con la planta del pie a un costado, recoger y bajar la pierna. El golpe puede hacerse con el talón o el borde del pie a la altura del abdomen.

En redondo: Portada circular. En posición de un paso, elevar la pierna atrasada, llevando el talón a la nalga. Gire el pie de abajo sobre el metatarso y estire la pierna para golpear con la bola del pie (base de los dedos) o con el empeine. Recoger la pierna rápidamente.

Es el método tradicional de Defensa Personal que incluye un amplio repertorio de técnicas básicas basadas

Patada de talón: Llamada patada de giro. El cuerpo se gira completamente y antes de completar el giro la pierna elevada golpea con el talón cerrado la pierna en circulo.

DESARME DE ARMAS

BLANCA

FUEGO

TÉCNICAS DE NEUTRALIZACIóN

Defensa propia contra armas

Sistema de defensa estilizado para contrarrestar ataques con armas blancas o contundentes (cachiporras, palos, etc.).

Caídas básicas:

CAÍDAS:

Frente: La caída frontal se practica desde una posición en cuclillas. Hay que caer hacia delante sobre el pecho y golpear hacia abajo con ambas manos, con los codos doblados. Caer hacia delante desde una posición de pie, llevando el peso del cuerpo en la caída sobre ambos antebrazos.

Lateral: Practique extendiéndose sobre su costado izquierdo; luego tuerza el cuerpo hacia la derecha y dé un fuerte manotazo sobre el piso con la derecha extendida. Rodar hacia ambos lados así, de esa manera.

Patada de talón: Llamada patada de giro. El cuerpo se gira completamente y antes de completar el giro la pierna elevada golpea con el talón cerrado la pierna en circulo.

Caída atrás: Practiquemos una caída de evasión hacia atrás, sentándonos en cuclillas y rodando después hacia atrás. Curvar la columna y esconder la cabeza hacia adentro, de manera que la energía del movimiento nos haga rodar hacia atrás, llevemos los dos brazos hacia delante y luego dar un golpe ruidoso hacia atrás, sobre el piso para frenar la caída. Practique a medio sentarse y después de pie. En todos los casos, lleve la barbilla al pecho.

TÉCNICAS DE LANZAMIENTO

Proyecciones:

Siega mayor exterior: Es la famosa zancadilla. Efectúcla con una pierna a la parte exterior de una de las piernas agarrando al oponente por los hombros. Se aplica después de parar un golpe o ante un empujón con ambas manos.

Barrido del pie adelantado: El agresor tiene su pie derecho ligeramente adelantado(posición de un paso) lo sujetamos por hombro y brazo y lo empujamos hacia la derecha de él al tiempo que ejecutamos un barrido del pie adelantado hacia su izquierda con el pie izquierdo, provocando una proyección por desequilibrio.

CAPITULO VI
PROTECCION DE INSTALACIONES

1.- DEFINICION DE ESTUDIO DE SEGURIDAD

Es el conocimiento que se adquiere de personas, instalaciones y procedimientos, para ser analizado con relación a las normas de seguridad vigentes y situaciones de riesgo que se puedan presentar, para determinar sus Vulnerabilidades diseñando un sistema de protección que brinde una mayor y mejor cobertura de la seguridad.

2.- CLASES DE ESTUDIOS DE SEGURIDAD

1.- FISICO   : El que se hace a las instalaciones, empresas, industrias, oficinas, almacenes, viviendas

2.- PERSONAL : El que se le efectúa a las personas y se tienen dos categorías :

LABORAL   : Es que se les adelanta a los trabajadores de una empresa antes del ingreso y durante el tiempo que dure en la empresa para determinar su grado de confianza.

PERSONAJES : Es el que se le hace a los persona que por su importancia, jerarquía o posición tienen un mayor grado de riesgo, tales como : Industriales, presidentes de empresas, funcionarios públicos, etc., y determinan sus Vulnerabilidades en su seguridad.

3.- PROCEDIMIENTOS (ESPECIALES) : Son los que se les hace a los diferentes normas, procedimientos, controles, planes de prevención que tiene una empresa, para determinar sus deficiencias, normalmente esta incluido en el estudio de seguridad físico.

3.- LINEAS DE SEGURIDAD FISICA

El mejor sistema Protección es el conocido mundialmente como ANILLOS DE SEGURIDAD, la importancia que se le quiera brindar a la seguridad, determina el número de anillos, teniendo cuatro como básicos, así:

NIVELES DE PROTECCION

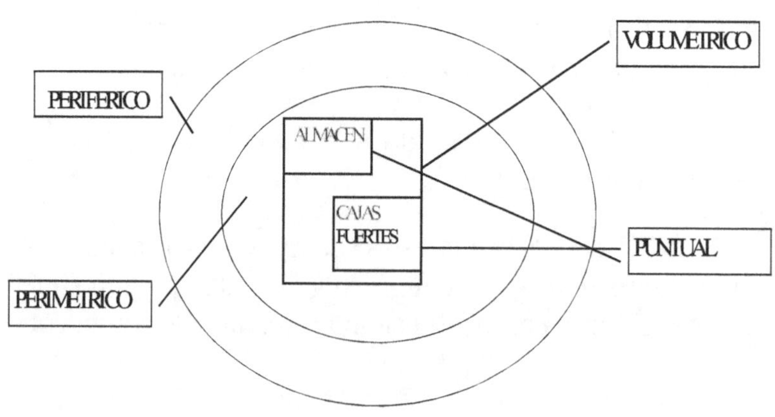

grado de riesgo, tales como : Industriales, presidentes de empresas, funcionarios públicos, etc., y determinan sus Vulnerabilidades en su seguridad.

PERIMETRICO : Los limites del Puesto de Vigilancia, en una casa o Local son las paredes que colindan con otras casa, en empresas grandes e industrias, son los muros, mallas.

VOLUMTRICO: Es el conjunto interior de una o varias edificaciones dentro del perimetro.

PUNTUAL : Son las dependencias mas susceptibles a la delincuencia, puede ser una o varios puntuales.

Los anillos de Seguridad o Protección se deben de analizar tanto horizontalmente como en forma vertical, teniendo en cuenta los siguientes aspecto :

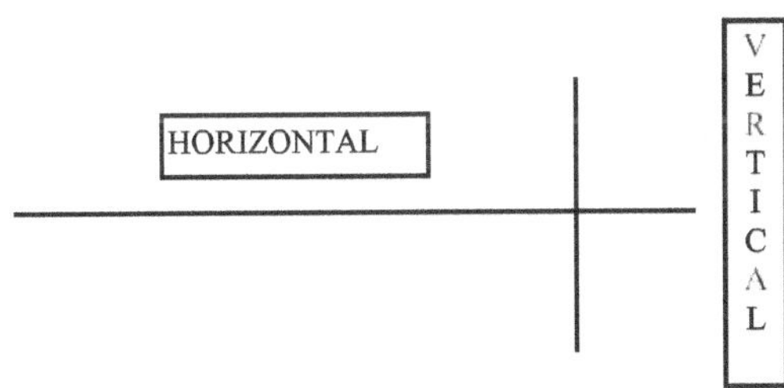

Las Compañías exitosas y por tanto las más lucrativas, son por lo general las mejor dirigidas, controladas y las más seguras. Un alto grado de seguridad y control se logra por medio de la implantación de oportunas medidas de prevención, y nunca merced de planes súbitos, improvisados o por medio de programas de emergencia o de corto alcance.

El estudio de seguridad nos determinará en forma concreta el grado de amenaza y el nivel de riesgo. Con base en los resultados del estudio se diseñará el Programa de Seguridad, cuya amplitud y costo serán proporcionales al grado de exposición o peligro en que se encuentra actualmente la planta física y el personal de la empresa.

De acuerdo a lo anterior la Seguridad debe ser parte fundamental de la política gerencial a largo plazo, de cubrimiento integral y de alcance general y, como tal se debe convertir en uno de los más importantes puntos de apoyo para el desarrollo normal de la empresa.

Otro de los objetivos del Estudio de Seguridad, es de aproximar a la Gerencia _ a la realidad actual, reflejada en la falta de medidas de prevención las cuales permiten o facilitan que los niveles de inseguridad se disparen.

Teniendo en cuenta el anterior análisis, consideramos de vital importancia el apoyo que la Gerencia brinde al desarrollo del plan de seguridad, de tal manera que permitan identificar los riesgos, amenazas y vulnerabilidades en las diferentes áreas y procesos para prevenir, detectar y corregir todas las fallas que afectan y que atenta con el normal funcionamiento de la Empresa.

ELABORACION DE UN ESTUDIO

DESCRIPCIóN

INFORMACION GENERAL :

Es la información general del sitio u organización donde se va ha efectuar el estudio de Seguridad.

FUNCION DE LA EMPRESA : Es el Objeto social de la misma, se hace una breve descripción de su proceso.

ORGANIZACION : Es un censo general de las personas que laboran o residen en el sitio y su jerarquía.

HORARIOS DE TRABAJO : Permite determinar el número de personas y horario de permanencia en el sitio, es importante para saber que personas están autorizadas para laborar y para elaborar los Planes de Emergencia.

ESTUDIO DEL AREA PERIFERICA (TERRENO CIRCUNDANTE) :

El Nivel Periférico es el Perímetro exterior esta compuesto por la Topografía, barrios, conjuntos residenciales, status social, condiciones sociales, actividad comercial, autoridades, personajes, estaciones de servicio, hospitales, bomberos, subestaciones de teléfonos- electrificadora – gas – acueducto, construcciones, fuentes de riesgos (grupos de delincuencia, drogadicción), iluminación, vías de acceso, afluencia de personas, transporte.

VECINDARIO

PONAL	EDIF.	ALM.	
	ESTACION DE GASOLINA	BANCO	TALLER

VECINDARIO

La forma de determinar si es vulnerabilidad o fortaleza, es analizando cada situación en forma particular, en este momento se debe tratar de pensar como actuaría el delincuente, que técnica emplearía, que fachada utilizaría, mas sin embargo debe tener en cuenta, no hay fortalezas 100% seguras, por consiguiente hay que reforzarla, lo que aparenta ser una fortaleza se puede convertir en debilidad. Ejemplo : Tener el puesto de Vigilancia al lado de un CAI de la PONAL, se puede analizar como una fortaleza, debido a que se cuenta con un apoyo inmediato por parte de las autoridades, pero también se convierte en una vulnerabilidad, en el caso de que ese mismo CAI sufra un atentado terrorista. En esta primera fase del estudio veremos:

1.- Área rural, urbana, sub – urbana : La ubicación es de vital importancia, una Área Rural presenta ventajas: No hay mucha afluencia de personas, se puede tener un censo de las viviendas y habitantes aledaños, una o máximo dos vías públicas, los habitantes se pueden integrar a un programa de asistencia y de acción Cívica. A su vez presenta desventajas, retirado de un apoyo inmediato, servicios públicos deficientes y fácil de sabotear, permite encubrimiento al delincuente. Área Urbana, presenta ventajas, apoyo más rápido por parte de la empresa y autoridades, servicios públicos eficientes, mayor vigilancia por parte de las autoridades. Desventajas, vías de acceso, fácil desplazamiento, emplear diferentes fachadas, mucha afluencia de personas.

2.- Topografía : La topografía se puede definir como plana, ondulada, montañosa, árida, selvática, boscosa, con el apelativo de semi, muy o poco. Presenta sus ventajas y desventajas, se debe tener en cuenta la observación, el follajes, vías de acceso como trochas, ríos, quebradas, precipicios, puntos críticos del terreno, desniveles.

3.- Población : De la población los puntos de referencias son : Status social (Alto – Medio – Bajo) Un Status Alto se puede decir que es ventaja, las personas tienen una cultura alta, buenos ingresos, etc. Pero también tienen sus desventajas, son mas susceptible de amenazas, atentados, secuestros. Actividad económica, Comercial, industrial, financiera, portuaria, residencial y va ligada al panorama social y condiciones de trabajo.

4.- Servicios Públicos y autoridades: Es importante tener en cuenta la ubicación, distancia y tiempo de Policía, bomberos, hospitales, ambulancias, centrales o sub – estaciones de servicios públicos, para que se pueda brindar una ayuda en forma oportuna, teniendo en cuenta que tenerlos cerca, también presenta desventaja.

CARACTERISTICA DEL VECINDARIO :

Es describir la actividad económica del sector, el nivel social del sector, la tendencia de los habitantes, oficios, actividades, etc., de igual manera, los fenómenos naturales que se han presentado, latentes o probables, como de igual la experiencia de otras empresas.

PERIMETRO :

Es el nivel de Protección Volumétrico, se describe los limites del sitio y consta de los siguientes puntos.

CONSTRUCCION : Hace referencia a las construcciones o terrenos aledaños, tipo de construcción, terrenos baldíos, quebradas, etc.

BARRERAS : Casas, la fachada(Entrada o frente), paredes que limitan con los vecinos, patios. Edificio, la fachada(Entrada o frente), paredes que limitan con los vecinos. Conjuntos de Casas - Torres de Edificios y Empresas, se describen los tipos de barreras e iluminación, para lo cual existen diferentes diseños, así :

TIPO DE BARRERAS : NATURALES : Ríos, quebradas, precipicios, taludes, árboles o cualquier fenómeno de la naturaleza que brinda protección. ARTIFICIALES : Muros, Rejas, Mallas, Cercas o combinados.

ILUMINACION : NATURALES : La luz día (sol) en la noche la luna, es importante conocer las fases lunares. ARTIFICIAL : AEREA : Existen múltiples sistemas de bombillos, con características diferentes, mayor espectro (área iluminada) que otros y su duración entre otros aspectos, la ubicación y área por iluminar es importante, teniendo en cuenta, que las empresas y conjuntos prefieren que la iluminación sea al interior y descuidan el área exterior. TERRESTRE : Farolas que están a ras de piso.

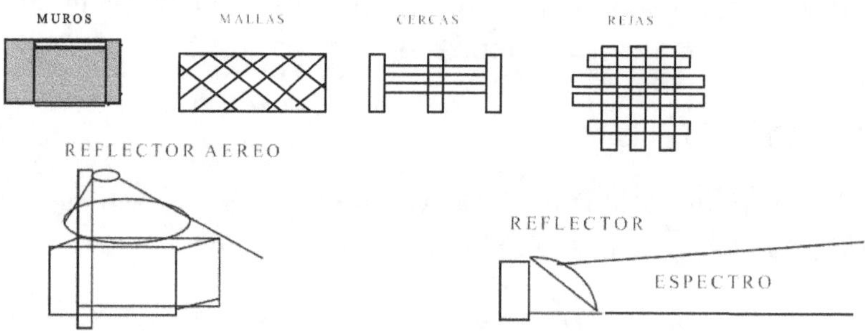

PUNTOS CRITICOS : Esto todo aquello que permita el sobre paso a la barrera, sea esta por la parte alta o baja de la estructura, como árboles, edificaciones pegadas, canecas, alcantarillas, huecos, etc. Puntos ciegos, son aquellos que por algún motivo no dan una visibilidad completa a la malla, desechos, árboles, matas, mala iluminación artificial.

CONTROLES DE ACCESO : Por ser una barrera, tiene entradas y salidas, describir que tipo de controles de acceso tienen, barras, rejas, portón, puertas, etc.

INSTALACIONES :

Las instalaciones se hace una descripción general de la construcción, si es en cementos, tipo de mampostería, número de plantas(pisos), cantidad de edificaciones, etc. Posteriormente, se coge dependencia por dependencia y se describe teniendo en cuenta los siguientes aspectos :

PUERTAS : Tipo de puerta(Constitución) : Madera, metálica, vidrio, combinada ; Marco o Cerco de la puerta ; Bisagras, pivotes de seguridad y tacos ; Accesorios(Ojo mágico - alarma - cerrojos) ; Cerraduras.

VENTANAS : Constitución : Vidrio, plano, corrugado, blindado, Anjeo, hueco. Marco - Bisagras - Accesorios - Cerradura.

TECHO : Tipo de techo en zinc, teja eternit, teja de barro, plancha. Traga Luz - Altura - Protección.

SISTEMA DE REFRIGERACIóN : Ductos de aire, calados, claraboyas.

ILUMINACION INTERNA : Natural y artificial, sistema empleado.

ESTUDIO DEL CONOCIMIENTO DEL ENTORNO - ESTUDIO DE SEGURIDAD FISICO

LUGAR Y FECHA :	
EMPRESA :	
DIRECCION :	
TELEFONO :	
GERENTE :	
JEFE DE SEGURIDAD :	
FUNCIONARIOS PARTICIPANTES :	
ASESOR EN SEGURIDAD :	

I. DESCRIPCION GENERAL DE LA EMPRESA

1.- FUNCION DE LA EMPRESA :

____

____

2.- ORGANIZACIóN DE LA EMPRESA

EJECUTIVOS		OPERATIVOS	
EMP. ADMINISTRATIVOS		PLANTA	
OBREROS		EXTERNOS	
CONTRATISTAS		TEMPORALES	

3.- *HORARIOS DE TRABAJO*

HORARIO DIAS	TURNO No 1			TURNO No 2			TURNO No 3		
	DESDE	HASTA	No EMPL	DESDE	HASTA	No EMPL	DESDE	HASTA	No EMPL
LUNES									
MARTES									
MIERC.									
JUEVES									
VIERNES									
SABADO									
DOM/GO									
FESTIVO									

3.- *UBICACIóN AUTORIDADES Y SERVICIOS DE EMERGENCIA*

AUTORIDADES	DIRECCION	TELEFONO
POLICIA		
SIJIN		
DAS		
UNASES / GAULA		
BOMBEROS		
TRANSITO		
ELECTRIFICADORA		
EMPRESA DE GAS		
ACUEDUCTO		
CRUZ ROJA / DEF. CIVIL		
AMBULANCIAS		
CENTROS ASISTENCIALES		
OTROS		

3.- HORARIOS DE TRABAJO

1.- AREA : URBANA________ SUB-URBANA________ RURAL

____

____

2.- TOPOGRAFÍA : PLANA /MONTAÑOSA /BOSCOSA /SELVATICA /
ONDULADA / DECLIVES

____

____

3.- SISTEMA VIAL : RUTAS DE ACCESO / RUTAS RAPIDAS/ LENTAS/
AUTOPISTAS

____

____

4.- SERVICIOS PUBLICOS DISPONIBLES : LUZ-AGUA-TELÉFONO-
GAS-OTROS-

4.1. UBICACIóN:

____

____

4.2 PRESTACIóN DEL SERVICIOS

____

____

III. CARACTERISTICAS DEL VECINDARIO

1.- STATUS ECONOMICO: Condiciones de trabajo y salarios   /
sectores :

RESIDENCIAL – INDUSTRIAL – COMERCIAL – BANCARIO PORTUARIO – AGRICOLA – GANADERO – PETROLERO :

____

____

2.- STATUS SOCIAL : ALTO - MEDIO ALTO – MEDIO – MEDIO BAJO - BAJO

____

____

3.- PANORAMA SICOLOGICO : Tendencias e influencias políticas, delincuenciales, subversivas, sindicales

____

____

4.- FENOMENOS NATURALES : Riesgos generados por la naturaleza Sismos, inundaciones, avalanchas, terremotos, deslizamientos de tierra, etc.

____

____

5.- EXPERIENCIAS DE OTRAS EMPRESAS / OTROS COMENTARIOS :

____

____

IV. PERIMETRO

1.- CONSTRUCCIONES DEL PERIMETRO : Edificaciones Dominantes, tipos de construcción, desocupadas, lotes, terrenos baldíos, Construcciones que generen riesgo.

____

____

2.- BARRERAS PERIMETRICAS : Tipo, altura, material, distancia a la edificación principal, estado, limpieza, mantenimiento, remate final, sistemas electrónicos.

3.- PUNTOS CRITICOS DE LA BARRERA: Desechos cerca de la barrera, puntos ciegos, obstáculos, Techos, paredes, árboles cerca de la malla.

4.- CONTROLES DE ACCESO :

PORTERIA DE PERSONAL:

UBICACIóN:

IDENTIFICACIóN DE PERSONAS:

SISTEMA DE ACCESO: (Eléctrico – Electrónico – Mecánico)

VISIBILIDAD INTERNA

VISIBILIDAD EXTERNA:

SISTEMAS DE COMUNICACIóN:

AREA DE REQUISA:

EQUIPOS ELECTRóNICOS DE REQUISA Y CONTROL:

SISTEMA DE CONTROL DE PERSONAL:

LIBROS DE CONTROL DE PERSONAL:

LIBROS DE CONTROL DE DOCUMENTOS:

ACCESO A LA PORTERIA:

PORTERIA DE VEHÍCULOS:

UBICACIóN:

IDENTIFICACIóN DE VEHÍCULOS:

SISTEMA DE ACCESO: (Eléctrico – Electrónico – Mecánico)

VISIBILIDAD INTERNA

VISIBILIDAD EXTERNA:

SISTEMAS DE COMUNICACIóN:

AREA DE REQUISA:

EQUIPOS ELECTRóNICOS DE REQUISA:

EQUIPOS MECÁNICOS DE REQUISA:

SISTEMA DE CONTROL VEHICULOS:

LIBROS DE CONTROL DE VEHICULOS:

V. INSTALACIONES

GENERAL : Descripción General de la edificación:

1.- TIPO DE CONSTRUCCION : Parte externa de la instalación -Cemento, Ladrillo, tapia pisada, madera, No plantas (pisos), cantidad de edificaciones (principal – aledañas).

____

____

2.- CARACTERISTICAS DE LOS PUNTOS ACCESO PRINCIPALES

2.1. PUERTA ENTRADA PRINCIPAL PERSONAS :

MATERIAL: (Madera – Metálica – Vidrio, etc.)

SEGURIDAD: (Reforzada – Rejas – Pasadores- Ojo mágico, alarmas)

CERRADURAS: (Sencilla – Doble)

PIVOTES (BISAGRAS):

MECANISMO DE APERTURA Y CIERRE: (Eléctrico – Electrónico – Mecánico)

____

____

PUERTA ENTRADA DE VEHÍCULOS:

MATERIAL: (Madera – Metálica – Reja, Portón, etc.)

SEGURIDAD: (Reforzada – Cadenas – Candados-Ojo mágico, alarmas)

CERRADURAS: (Sencilla – Doble)

PIVOTES (BISAGRAS):

MECANISMO DE APERTURA Y CIERRE: (Eléctrico – Electrónico – Mecánico)

PARTICULAR: Si la instalación consta de varias edificaciones, se describe en igual de características del punto (1) TIPO DE CONSTRUCCIóN cada edificación y la parte interna se toma dependencia por dependencia (Recepción – Pasillos – Oficinas, etc,)

DESCRIPCIóN DE LA DEPENDENCIA:

NOMBRE

UBICACIóN

CARACTERÍSTICAS

2. PUERTA ENTRADA

MATERIAL: (Madera – Metálica – Vidrio, etc.)

SEGURIDAD: (Reforzada – Rejas – Pasadores- Ojo mágico, alarmas)

CERRADURAS: (Sencilla – Doble)

PIVOTES (BISAGRAS):

MECANISMO DE APERTURA Y CIERRE: (Eléctrico – Electrónico – Mecánico)

ESTADO GENERAL

---

3. VENTANAS : No. de ventanas, altura, material, cerraduras, protección.

MARCO: (Madera – Metálica – Aluminio, etc.)

MATERIAL: (Madera – Reja – Vidrio, etc.)

ALTURA:

VISIBILIDAD AL INTERIOR Y EXTERIOR

SEGURIDAD: (Reforzada – Rejas – Pasadores, alarmas)

CERRADURAS: (Sencilla – Doble)

PIVOTES (BISAGRAS):

MECANISMO DE APERTURA Y CIERRE: (Eléctrico – Electrónico – Mecánico)

ESTADO GENERAL

____

____

4. TECHOS :

CARACTERÍSTICA DEL TECHO: (Plancha – Teja, etc,)

CIELO RASO:

SEGURIDAD: (Rejas, varillas, refuerzos, alarmas, etc.)

ALTURA:

TRAGA LUCES

VENTILACIóN: (Ductos – Aire Acondicionado – Claraboyas)

ESTADO GENERAL

____

____

5. ILUMINACION INTERNA :

NATURAL: (Durante el día – Noche)

ARTIFICIAL (Cobertura, sistemas de encendido, controles, estado de las instalaciones)

____

____

VI. ILUMINACION PROTECTIVA

1.- BARRERA PERIMETRICA :

Tipo de iluminación(aérea, terrestre)

Alumbrado públicoç

Estado General del alumbrado

Cobertura (total – parcial)

Puntos oscuros

Alumbrado interno

 2.- SISTEMAS DE EMERGENCIA : *Plantas de energía, capacidad ,encendido, mantenimiento, prueba.*

3.- AREAS ILUMINADAS : **Porterías, Parqueaderos, edificaciones, control de áreas aledañas.**

4.- SISTEMA DE CONTROL DE LA ILUMINACION : **Ubicación, acceso, manejo, seguridad.**

CAPITULO VII

ESCENA DE INCIDENTES
ESCENA DEL DELITO

DEFINICIóN.

Lugar donde se cometió el delito. Se debe efectuar una inspección judicial técnica, que tiene por objeto descubrir o revelar, producir, transportar, conservar y estudiar las evidencias, señales o rastros que se presenten, con el fin de comprobar las circunstancias y modalidad de un hecho punible o accidente, descubrir el autor o autores, demostrar su presencia allí y por ende su participación frente al hecho que se investiga, aportando elementos de juicio para probar la responsabilidad.

Clasificación de las Evidencias Físicas.

Organización de las pruebas que pueden encontrarse en la escena del delito y que pueden emplearse en un análisis científico :

Armas, municiones y/o explosivos.

Fluidos orgánicos (sangre, saliva, semen, etc.).

Impresiones latentes. (Impresiones de origen dactilar recientes, halladas en la escena del delito).

Impresiones de zapatos y neumáticos.

Mascas dejadas por herramientas.

Documentos dudosos o sospechosos.

Tierra, barro o polvo.

Pruebas varias producidas por transparencia o rastreo, tales como pelos, fibras, residuos de pintura, residuos de explosivos, etc.

Definición de una prueba Física.

Cualquier material por microscópico que sea, sólido, líquido o gaseoso, puede servir para la determinación de la verdad durante la investigación.

Tipos de pruebas físicas

Pruebas fijas

Estas son pruebas que no pueden moverse debido a su tamaño, peso o cualidades, tales como impresiones latentes, ciertas marcas de herramientas, huellas del pie o zapatos e impresos de neumáticos de automóvil.

Las pruebas de obtienen y preservan mediante los siguientes métodos :

Fotografías.

Dibujos escala.

Levantamiento de impresiones latentes.

Moldes de yeso, arcilla, etc.

Las demás técnicamente producidas.

Pruebas móviles.

Este tipo de pruebas pueden trasladarse desde la escena del delito y deben preservarse en forma adecuada tales como armas, fragmentos de vidrio, pelos, fibras, etc.

Definición de una Requisa de la escena del Delito.

Es la investigación efectuada en la escena de un delito, para ubicar e identificar las pruebas que han sido dejadas, removidas o alteradas de alguna forma y que sirven de ayuda para el esclarecimiento de los hechos.

Preservación de las Pruebas, Modelo de Rótulo.

Las pruebas para que tengan valor probatorio deben ser : Debidamente protegidas, recolectadas, embaladas, rotuladas , transportadas y entregadas al funcionario competente.

Procedimiento en la Escena del Delito.

Se deben seguir los siguientes pasos :

Protección y aislamiento de la escena del delito.

Aproximación e ingreso adecuado a la escena del delito, cuidando de no destruir ni alterar evidencias.

Procedimiento técnico de reconocimiento, búsqueda y recolección de evidencia (sistema de búsqueda punto a punto, por sector y concétrico en espiral).

Identificación y aislamiento de testigos.

Retención e identificación de sospechosos.

Fijación de las evidencias por medio de :

Fotografía tanto del conjunto de la escena como de las pruebas físicas que se encuentren en dicho lugar, y

croquis de la escena del delito en su condición original.

Descripción narrativa de la escena del delito.

Preparación de la escena del delito para el levantamiento de impresiones latentes.

Recolección, rotulación y preservación de las pruebas físicas recuperadas en la escena del delito.

Embalaje, rotulación, transporte y entrega de las pruebas físicas para su examen por los expertos.

CAPITULO VIII

SALUD UCUPACIONAL

OBJETIVO:

Conocer técnicas de investigación

De accidentes de trabajo siguiendo

Metodológicamente los pasos de identificación del hecho, causas, consecuencias y recomendaciones; buscando la objetividad del informe.

ACCIDENTE DE TRABAJO

Es un suceso no deseado de carácter repentino por causa del trabajo , que causa daños físicos, lesiones orgánicas o perturbación funcional , invalidez o la muerte.

CAUSAS DE LOS ACCIDENTES DE TRABAJO

· **Resbalarse**

· **Tropezarse**

· **Precipitarse**

· **Prensarse**

· Golpearse

· Ser golpeado

· **Intoxicarse**

· Quemarse

· **Cortarse**

· **Pincharse**

AMBIENTES PROPICIOS A LOS ACCIDENTES DE TRABAJO

Son ambientes materiales propicios:

Prima la indisciplina

· Hay mucho ruido

· Hay mala iluminación

· Hay pisos resbalosos

· Hay objetos contra los cuales se puede golpear

· No usan los dispositivos contra accidentes, ni equipos generales o individuales de protección

· No observan las medidas de seguridad en la edificación

· No observan las normas de seguridad

· No toman las debidas precauciones para manejar los equipos de transporte o carga

· Manejan la electricidad, líquidos o gases a presión, sin las debidas precauciones.

SON AMBIENTES MORALES PROPICIOS A LOS ACCIDENTES DE TRABAJO:

A

Las tensiones en situaciones de perulera

Los previos a las revisiones de contratos colectivos de trabajo

El incumplimiento del contrato de trabajo

Las riñas individuales o colectivas entre el personal de la empresa

El uso de alcohol o drogas

El trato despótico por parte del patrón a sus empleados

Mantener a los trabajadores con prestaciones inferiores a las de otras empresas del mismo ramo

B

Desajustes familiares

Insuficiencia de los ingresos frente a los gastos

Problemas sentimentales

Hábitat pernicioso

Participación en sectas políticas o religiosas de naturaleza extremista.

RIESGOS:

Toda situación de trabajo que encierra una capacidad potencial de producir un accidente.

Los riesgos en general son afines a todas las empresas.

· **Incendios**

· **Derrumbes**

· **Explosiones**

· **Inundaciones**

OTROS RIESGOS:

Físicos	Psicosociales
Químicos	Sociales
Biológicos	Ergonómicos
Inseguridad	Naturales

CAPITULO IX

MANEJO DE EMERGENCIAS PLAN DE EVACUACION

1. GENERALIDADES SOBRE EMERGENCIAS

El estar preparados para afrontar situaciones de emergencia, que en un momento determinado, puede llegar a afectar la integridad física de las personas, bien sea en forma individual o colectiva, es uno de los principales objetivos del Plan para Emergencias. La modernización de las Compañías, la implementación, el cambio de tecnologías y procesos y la falta de capacitación y entrenamiento del personal, en algunas oportunidades, conllevan a incrementar en alto índice, la posibilidad de que ocurran accidentes laborales, enfermedades profesionales o emergencias que puedan alterar la normalidad de un sistema.

Los problemas sociales y el orden público entre otros factores, que afectan al país en estos tiempos, exponen a las personas y a las instalaciones a ser víctimas de los riesgos de incendio, explosión y los fenómenos causados por la naturaleza como son los temblores, sismos, inundaciones; complementan el panorama de riesgos para los cuales se debe estar preparados para afrontarlos.

Por lo anterior es necesario elaborar y desarrollar planes de emergencia, para que en caso de presentarse alguna situación se cuente con los elementos teórico-prácticos necesario para atenderla, con la premisa de dar respuesta " A una emergencia inmediata una inmediata respuesta".

Es importante anotar que el Plan para emergencias, deberá ser dado a conocer a todos los funcionarios de la Compañía y deberá ser practicado con periodicidad, con el fin de que cuando haya que aplicarlo realmente, se facilite las operaciones de tal manera, que el tiempo de actuación sea el mínimo y las pérdidas humanas y materiales se eviten al máximo.

DEFINICIONES

Análisis de vulnerabilidad

Es la valoración de la capacidad de respuesta y el nivel de preparación de una comunidad frente a un conjunto de amenazas previamente establecidas.

Amenaza

Factor de origen natural que afecta una comunidad ocasionando lesiones a sus integrantes e instalaciones.

Alarma

Sistema sonoro que permite avisar inmediatamente se accione, la presencia de un riesgo que coloca en peligro la vida en una comunidad.

Brigada

Grupo de personas debidamente organizadas, entrenadas, capacitadas y motivadas para actuar en forma inmediata y eficiente en las emergencias que se presenten.

Contingencia

Algo que puede suceder o no suceder para lo cual debemos estar preparados.

Cronograma de actividades

Es el riesgo pormenorizado del plan de acción de los programas de capacitación y entrenamiento, el cual se debe elaborar para un periodo máximo de un año.

Diagrama de piso

Es el esquema o plano arquitectónico donde se demarcan por medio de líneas y flechas de color rojo la ruta de evacuación y sistemas de seguridad y protección.

Desastre

Es el daño o alteración grave de las condiciones normales de la vida, causada por fenómenos naturales o acción del hombre en forma accidental.

Emergencia

Se considera como emergencia toda situación que implique " un estado de perturbación " parcial o total a un sistema, generalmente ocasionado por la posibilidad de ocurrencia o la ocurrencia real de un evento indeseado e inesperado cuya magnitud puede requerir de una ayuda superior a la disponibilidad de los recursos propios de la empresa y necesite de procedimientos especiales.

Evacuación

Conjunto de procedimientos y actividades tendientes a conservar la vida y la integridad física de las personas en el evento de verse amenazadas mediante el desplazamiento desde, hacia y a través de lugares de menor riesgo.

Incendio

Es un fenómeno que se presenta cuando uno o varios materiales inflamables son consumidos en forma incontrolada por el fuego, generando pérdidas humanas o de bienes.

Norma

Es el conocimiento técnico que regula un procedimiento a implantar en una organización de obligatorio cumplimiento a quienes va dirigida u orientada.

Plan para emergencias

Conjunto de procedimientos y acciones que se deben seguir y practicar en situaciones que genere riesgo parcial o total que pueda afectar la vida y/o la integridad física de las personas y de los bienes de la comunidad empresarial o social.

Primeros auxilios

Son los cuidados inmediatos pero provisionales, que se brindan a las personas accidentadas o con enfermedad repentina antes de ser trasladadas a un centro asistencial.

Punto de encuentro

Es el sitio de seguridad escogido para congregar a las personas provenientes de una zona de evacuación.

Terremoto

Es el movimiento de las diferentes placas que conforman la tierra y que se mueven en diferentes direcciones y chocan entre sí, acumulando energía y fuertes deformaciones que ocasionan un sismo o terremoto.

Tiempo de salida

Es el tiempo de evacuación, que se mide hasta cuando sale la ultima persona.

Vulnerabilidad

Es la medida ó grado de debilidad de ser afectado por amenazas o riesgos en función de la frecuencia y severidad de los mismos.

2. PLAN DE EVACUACIÓN

PRESENTACIÓN

Introducción.

Justificación.

Objetivos.

QUE ES EL PLAN

Marco de referencia.

Legislación.

DEFINICIONES

Fases de desarrollo para la puesta en marcha.

Fase 1.

Fase 2.

Fase 3.

Fase 4.

PROCEDIMIENTOS OPERATIVOS PARA EMERGENCIAS.

Emergencias que se pueden presentar en la Compañía.

Listado telefónico de los organismos de socorro y apoyo.

Preparación de la respuesta a la emergencia. (Brigada organizada).

Organigrama detallado de las brigadas.

SISTEMAS DE PROTECCIÓN PARA LAS EMERGENCIAS

Inventario de sistemas de alarma e incendios existentes.

Inventario y estado actual de los equipos de primeros auxilios y dotación para emergencias.

LA EVACUACIÓN

Orden de evacuación.

Rutas de evacuación y lugares de reunión.

Simulacros.

CONCLUSIONES Y RECOMENDACIONES

ANEXOS

FASES DE DESARROLLO PARA LA PUESTA EN MARCHA

Información de la Compañía

Política de la compañía escrita, aprobada y publicada sobre Salud Ocupacional.

Asignación de responsables o coordinadores del plan para emergencias.

Recopilación de información, historial de la compañía, riesgos, accidentes, Emergencias.

Revisión planos de la compañía.

Los riesgos existentes en una empresa, pueden estar constituidos, por:

FISICOS:

Temperaturas Extremas: (Confort Térmico)

Ruido

Superficies reflectivas

Iluminación

ELÉCTRICOS:

Contacto Directo (Equipos de computación)

Instalaciones eléctricas

ERGONOMICOS:

Posturas prolongadas (de pie – sentado)

Posturas inadecuadas

Manejo de cargas

FISICO-QUIMICO:

Incendio

PUBLICOS:

Transito

Estado de la malla vial

Delincuencia

Presencia de personas imprudentes en la vía

PSICOSOCIALES:

Altos ritmos de trabajo

Monotonía en la tarea

LOCATIVOS:

Falta de señalización

Falta identificar rutas de evacuación

QUIMICO:

Polvos y gases

MECANICO:

Falta de mantenimiento preventivo

2.- MISION

DEBE SER CLARA – PRECISA – CONCISA

DEBE RESPONDER A LOS INTERROGANTES:

QUE – QUIEN – CUANDO – DONDE – POR QUE

QUE	QUE SE VA HACER UN PLAN CONTRA-INCENDIO., EVACUACION ETC,
QUIEN	LA EMPRESA, LA BRIGADA DE EMERGENCIA
CUANDO	CUANDO LA SITUACION SE PRESENTE
DONDE	INSTALACIONES X.
POR QUE	PARA PREVENIR – MINIMIZAR

3.- EJECUCION

A. CONCEPTO DEL PLAN

ESTE PLAN SE DESARROLLARA EN 4 FASES

FASE DETECCION	Va desde el momento en que inicia el riesgo hasta que es detectado por sistema humano, electronicos
FASE DE ALARMA	Es el analisis que se hace para ver la magnitud del riesgo.Codificacion : CLAVE UNO: AUTO CONTROLABLECLAVE DOS : SE REQUIERE APOYO DE LAS BRIGADAS DE EMERGENCIACLAVE TRES: SE REQUIERE DE APOYO EXTERNOClasificacion:INCENDIO: SIRENA ESPACIO LARGO SIRENA ESPACIO LARGO BOMBA : SIRENA CORTA ESPACIO CORTO SIRENA CORTA ....EVACUACION: SIRENA PERMANENTE
FASE ALISTAMIENTO	Desde el momento en que se activa la alarma, las brigadas se preparan para actuar y el personal se prepara para abandonar el sitio.
FASE DE EJECUCION	Se inicia la actividad propia de acuerdo a la emergencia.

B. INSTRUCCIONES DE COORDINACION

Son todas aquellas normas que debe emplear cada una de las brigadas y el personal que no participa en ellas.

INSTRUCCIONES DE COORDINACIóN (PROCEDIMIENTO GENERAL)

En caso de presentarse cualquier tipo de emergencia en la empresa, como norma deberá observarse el siguiente procedimiento:

Comunicación y preparación.

Comunicación al Jefe de seguridad, coordinador de grupo, director de emergencia y jefes de brigadas.

Uso de distintivos durante la emergencia.

Establecimiento del puesto de control.

Información a los entes de apoyo externo (sí es el caso).

Los ocupantes suspenden las labores y se alistan a recibir órdenes.

Los grupos de vigilancia, prensa y apoyo responderán a las órdenes del director de emergencias.

Si no hay evacuación todo vuelve a la normalidad.

Evacuación.

El director de emergencias da la orden de evacuar; los brigadistas se distribuyen de acuerdo con su actividad(incendios, primeros auxilios y evacuación).

Los ocupantes abandonarán el lugar según las instrucciones.

El coordinador de seguridad física e información y el coordinador de apoyo externo, actuarán según las circunstancias.

Reunión.

Todo el personal se encontrará en el sitio de reunión, previamente definido.

Comunicación al Jefe de seguridad, coordinador de grupo, director de emergencia y jefes de brigadas.

Dependiendo de la situación de origen, se volverá a la edificación o no.

Cada grupo continuará con su procedimiento después de la emergencia.

PROCEDIMIENTO CONTRA INCENDIOS

QUE HACER ANTES.

Se debe elaborar por escrito un plan detallado para la atención de esta emergencia.

Dotar con los equipos de extinción de incendios necesarios las instalaciones de la compañía.

Mantener los líquidos inflamables en recipientes cerrados en lugares donde no se presente peligro.

No arrojar los líquidos inflamables al alcantarillado, porque pueden ocasionar graves incendios o explosiones por acumulación de gases.

Reparar oportunamente las instalaciones eléctricas defectuosas.

No recargar los enchufes con la conexión simultanea de varios equipos eléctricos.

Evitar la acumulación de papeles y la quema de basuras en sitios donde se pueda crear o propagar el fuego.

No guardar trapos impregnados de cera, aceite o grasa.

No arrojar colillas ni fósforos encendidos al piso.

Al salir de su sitio de trabajo verifique que nada haya quedado encendido.

QUE HACER DURANTE.

Verificar la alarma y llamar inmediatamente a los bomberos.

Si no es posible contener el incendio evacue la zona.

Evitar el pánico.

No corra, ni grite, no haga ruidos innecesarios, no cause confusión, no se quede en los baños ni vestuarios.

Una vez iniciada la evacuación no se devuelva por ningún motivo.

Si se encuentra en un lugar lleno de humo, se debe salir agachado cubriéndose la nariz y boca con algún textil húmedo.

Procurar retirar de las llamas los objetos que le puedan servir de combustibles al fuego.

Si la ropa que lleva puesta se incendia, arrójese al piso y de vueltas envolviéndose en un material textil a la mano.

QUE HACER DESPUES.

Cerciórese de que no haya quedado ningún foco de incendio.

En caso de quemaduras lavar la parte afectada con agua fría y limpia.

No desprenda trozos de ropas pegados a las quemaduras, por que estos aumentan el dolor y causan más daño.

No regresar al lugar de incendio a no ser que se encuentre capacitado y en condiciones de combatirlo. (Solo brigadistas).

Nunca aplicar sobre quemaduras aceite, café, sal o arena.

Nunca reviente las ampollas.

Atender las indicaciones de los brigadistas.

PROCEDIMIENTO DE PRIMEROS AUXILIOS

QUE HACER ANTES.

Mantener los botiquines con la dotación completa.

Participar activamente de los simulacros.

Mantener actualizado el directorio para casos de emergencia médica.

QUE HACER DURANTE.

Al sonar la alarma de emergencia los miembros de la brigada de primeros auxilios, deben tomar sus implementos para la atención de primeros auxilios y colocarse el brazalete que los identifica como miembros de la brigada. Se deben reunir al punto de reunión de brigadistas en la compañía, para quedar a disposición del jefe de brigada.

Al presentarse los organismos externos de ayuda, los miembros de la brigada se pondrán a disposición de él.

En caso de ser necesario el traslado de alguna víctima al centro de salud más cercano, este traslado debe ser autorizado por el **director de emergencias**.

Cuando se presenten eventos que involucren víctimas con leves heridas y/o contusiones, serán trasladadas y atendidas en el sitio de reunión final, por la brigada de primeros auxilios.

Cuando se presenten eventos que involucren víctimas con complicaciones médicas, estos recibirán una atención y valoración inicial por parte de la brigada, pero deberán ser remitidos a los centros de asistencia médica más cercanos, por medio de los grupos de apoyo externo.

Existirá una persona en la brigada de primeros auxilios, encargada de realizar el seguimiento de las víctimas por medio del **formato de control de víctimas (ver anexo 8)**, y con base en esta información notificará el estado estas a los familiares, trabajo que realizara en conjunto con la persona de la brigada de evacuación encargada de la llamada a lista del personal en el sitio de reunión.

QUE HACER DESPUES.

Al finalizar la atención de la emergencia, se realizará una retroalimentación del desarrollo del procedimiento para la atención médica de emergencias liderada por **el coordinador de grupo y la brigada de primeros auxilios**, y con base en esta se presentará un informe a la alta gerencia y a salud ocupacional.

Con ayuda del formato de control de víctimas se reportará al **director de emergencias**, las personas atendidas y las remitidas para dar aviso a sus familiares.

Se realizará investigación de los hechos para determinar las causas de estos.

PROCEDIMIENTO EN CASO DE TERREMOTO

QUE HACER ANTES.

Identificar las posibles áreas, que deben reforzarse o reconstruir, además de identificar los lugares más seguros ante un sismo y las áreas más peligrosas y susceptibles de daño donde debe evitar ubicarse si ocurre un temblor.

Asegurar y/o reubicar objetos pesados que puedan caer tales como lámparas, bibliotecas, tableros, materas, etc.

Señalizar la ubicación de los extintores, botiquines, rutas de evacuación y salidas.

Para evitar incendios, acondicione mecanismos para suspender fácilmente el suministro de energía eléctrica y otros servicios.

Mantener actualizado y a la mano el directorio para emergencias en el que se encuentren los teléfonos y direcciones de los centros médicos más cercanos, la policía, los bomberos, la cruz roja, la defensa civil.

Tener disponibles las llaves de puertas y candados.

QUE HACER DURANTE.

Verificar la alarma.

Mantener la calma y tratar de serenar a los demás.

Suspenda el trabajo.

Escoja un lugar de protección.(bajo el escritorio, bajo el marco de una puerta, junto a una columna, en la unión de 2 muros(esquina).

Aléjese de vidrios o ventanales, elementos sueltos, elementos altos, elementos inestables.

No abandone las instalaciones mientras dure el sismo.

Espere la señal de evacuación.

QUE HACER DESPUÉS.

· Verificar que todos los empleados hayan logrado salir de la compañía.

· Si queda atrapado, procure utilizar una señal sonora o luminosa, para lograr ser encontrado por los cuerpos de socorro.

· No difundir rumores que causen descontrol o desconcierto.

· Revisar el estado en que ha quedado la edificación por que pueden ocurrir nuevos temblores que derrumben lo que ha quedado débil.

· Si hay heridos en el lugar donde se encuentra, no los mueva a no ser que estos estén en inminente peligro de sufrir nuevas heridas.

· Suspender el paso de energía eléctrica.

· Luego de evacuar no se devuelva por ningún motivo.

· No pisar escombros de manera indiscriminada pues estos pueden estar soportando estructuras débiles, las cuales probablemente se caerán ante cualquier movimiento.

· Colabore con las recomendaciones de los brigadistas y grupos de socorro.

PROCEDIMIENTO DE EVACUACIóN.

QUE HACER ANTES.

Seleccione con anterioridad las rutas de evacuación y el sitio de reunión final y señalice estas.

Informar al personal sobre las rutas de evacuación definidas y el sitio de reunión final, igualmente los visitantes tendrán conocimiento de estas por medio del diagrama de pisos.

Elabore un plan de evacuación por escrito.

Revisar periódicamente que las salidas se encuentren libres de obstáculos.

Dentro del programa de inducción del personal a la compañía, se debe informar el programa de evacuación existente.

Participar activamente en los simulacros.

QUE HACER DURANTE.

El coordinador de grupo, evaluará la situación para determinar la necesidad o no de la evacuación y en caso de considerar necesaria la evacuación, dará la alarma pertinente y avisará al jefe de la brigada de evacuación y al director de emergencias.

Manténgase alerta y reporte cualquier situación anormal.

Al escuchar la alarma, suspenda el trabajo y apague los equipos.

Recoja sus objetos personales.

Siga las instrucciones de los brigadistas.

Los integrantes de la brigada de evacuación deberán colocarse su distintivo y dirigirse al centro del comando para ponerse a disposición del jefe de brigada, sus funciones básicas serán recordar a las personas las rutas de salida y el punto de encuentro final, verificar que todos hayan desalojado las instalaciones, brindar ayuda y notificar cualquier anomalía al jefe de brigada.

Siga la ruta de evacuación, circule con paso rápido.

Ayude a los más vulnerables a salir.

Si tiene algún visitante, llévelo con usted.

No corra, mantenga la calma, evite desordenes.

En presencia de humo, desplácese agachado.

Diríjase al punto de encuentro.

Repórtese y conserve su lugar.

El grupo de vigilancia de la compañía, debe encargarse **durante y después** de la emergencia, del control de acceso a las instalaciones de esta, para evitar posibles saqueos, labor que en su defecto puede ser apoyada por el grupo de evacuación.

QUE HACER DEPUÉS.

En el sitio de reunión la persona de la brigada de evacuación encargada de la llamada de lista iniciara su tarea y remitirá a la brigada de primeros auxilios a las personas que así lo requieran y pasará informe al jefe de brigada.

Evaluación del procedimiento de evacuación liderada por el coordinador de grupo y la brigada de evacuación y presentación de informe a director de emergencia, a la alta gerencia y a salud ocupacional.

desalojado las instalaciones, brindar ayuda y notificar cualquier anomalía al jefe de brigada.

PROCEDIMIENTO EN CASO DE AMENAZA TERRORISTA O EXPLOSIVOS.

QUE HACER ANTES.

Informar al jefe de seguridad cualquier anomalía que se observe en lo referente a personas sospechosas u objetos dudosos.

Todo paquete que ingrese a las instalaciones de la compañía, debe ser revisado por el personal de seguridad.

QUE HACER DURANTE.

Al presentarse información acerca de alguna amenaza de bomba o acto terrorista, el jefe de seguridad evaluará la situación y notificará a las respectivas autoridades.

Si antes de llegar la autoridad competente, se detecta la existencia de algún objeto sospechoso, se procederá a aislar la zona por lo menos 10 metros cuadrados.

En caso de detectar un objeto sospechoso por ningún motivo lo toque o mueva.

Las brigadas de emergencia deben permanecer alerta para cualquier eventualidad.

No se permitirá el ingreso a las instalaciones de la compañía de ninguna persona a no ser que esta permanezca a las autoridades competentes.

QUE HACER DESPUÉS.

Solo se reiniciarán labores hasta que la autoridad competente determine que ya ha pasado el peligro.

Se debe revisar que no falte nada en las oficinas, en caso contrario se deberá informar al jefe de seguridad.

El área de seguridad iniciará la respectiva investigación de lo sucedido y tomará las medidas al respecto.

PROCEDIMIENTO EN CASO DE INUNDACIóN DE LA SEDE.

QUE HACER ANTES.

Realizar mantenimiento periódico a: Tejas, claraboyas, canaletas, tuberías y áreas Locativas comprometidas.

Tener el plan de contingencia para épocas invernales.

Informar a los empleados de la sede sobre el plan de contingencia en caso de inundación.

Responsabilizar a la brigada contra-incendios del plan de choque en caso de presentarse esta emergencia.

QUE HACER DURANTE.

Permanezca en su lugar de trabajo, los brigadistas contra-incendios aplicaran el plan de contingencia.

No se permitirá el ingreso a las instalaciones de la compañía de ninguna persona a no ser que esta permanezca a las autoridades competentes.

Levante el recuadro y verifique que los tubos de desagüe no estén taponados, sí lo están se debe retirar el material obstructor con escobas o con palas. Sí los tubos no están obstruidos, comuníquese con el empleado de vigilancia en la garita para solicitar apoyo a los bomberos.

QUE HACER DESPUÉS.

Verifique que el nivel de agua a disminuido.

Verifique la succión normal en los sitios de desagüe.

Ayude a transportar el agua empozada a los sitios de desagüe mediante.

Revise posibles daños como consecuencia de la inundación y repórtelos a los empleados de vigilancia.

C. CONFORMACION DE BRIGADAS

CARACTERISTICAS DE LOS BRIGADISTAS

Perfil.

Cada miembro debe ser mental y físicamente hábil.

Tener capacidad, disciplina y buena voluntad con espíritu cooperativo.

Liderazgo y don de mando.

Mantener la calma, serenidad y evite el pánico durante situaciones de emergencia.

Disponibilidad permanente.

Requisitos.

Conocimiento previo del plan para emergencias.

Buen conocimiento del área y sus recursos.

Excelente dominio de los procedimientos de evacuación.

Permanencia máxima en el área de responsabilidad.

Marco legal.

Ley 9ª de enero de 1979, título III art. 114 "salud ocupacional".

Decreto 919 de 1989" sistemas de atención y prevención de desastres".

Decreto 1295 de 1992"comites paritarios".

Distintivos

Chalecos de color verde(evacuación), rojo(primeros auxilios) y naranja(incendios).

Pitos.

ORGANIGRAMA DETALLADO DE LA BRIGADA.

DIRECTOR DEL PLAN DE EMERGENCIAS Y COORDINADOR DE GRUPO

BRIGADA PRIMEROS AUXILIOS	BRIGADA EVACUACION	BRIGADA CONTRA INCENDIOS
BRIGADISTAS 1. 2.	BRIGADISTAS 1. 2.	BRIGADISTAS 1. 2.
BRIGADA BÚSQUEDA Y RESCATE	BRIGADA VIGILANCIA Y SEGURIDAD	BRIGADA
BRIGADISTAS 1. 2.	BRIGADISTAS 1. 2.	BRIGADISTAS 1. 2.

PLANES DE EMERGENCIAS

EMPRESA : ____

ELABORADO POR: ____

1.- SITUACION

GENERAL

1.- PARTICULAR

2.- MISION

3.- EJECUCION

CONCEPTO DEL PLAN

El plan se desarrollara en cuatro fases, así:

PRIMERA FASE DETECCION	
SEGUNDA FASE: ALARMA	
TERCERA FASE: ALISTAMIENTO	
CUARTA FASE : EJECUCION	

INSTRUCCIONES DE SEGURIDAD

CONFORMACION DE BRIGADAS

BRIGADA DE BOMBEROS

EMPLEADO	DEPENDENCIA		

BRIGADA DE EVACUACION

EMPLEADO	DEPENDENCIA	ELEMENTOS	TURNO

BRIGADA DE PRIMEROS AUXILIOS

EMPLEADO	DEPENDENCIA	ELEMENTOS	TURNO

BRIGADA DE VIGILANCIA

EMPLEADO	DEPENDENCIA	ELEMENTOS	TURNO

BRIGADA DE DEMOLICION

EMPLEADO	DEPENDENCIA	ELEMENTOS	TURNO

BRIGADA DE BUSQUEDA Y RESCATE

EMPLEADO	DEPENDENCIA	ELEMENTOS	TURNO

CAPITULO X

TRABAJO EN EQUIPO Y LIDERAZGO

CONCEPTOS DE LIDERAZGO

CUALIDADES DEL LIDER

EL ENTORNO DEL HOMBRE DE SEGURIDAD

Introducción.- El conocimiento de que el hombre no existe exclusivamente "para sí mismo" sino que vive en comunidad con los demás, datos de por menos 2000 años atrás. Ya Aristóteles definió al hombre como un "ser viviente" que convive con otros.

La vida diaria de un ciudadano corriente demuestra este hecho: empieza la jornada desayunando en comunidad con la familia. Es este el primer círculo social al que pertenece. Allí se aprenden valores y se forman opiniones en el contacto con os padres y hermanos. Es el punto de partida de la evolución personal. El adulto termina su desayuno y se dirige al trabajo en donde entra de nuevo en relación con otras personas experimentando sentimientos de agradecimiento, compañerismo, enemistas, competencia. , en lo que haga en sociedad va repercutir en otros y viceversa.

Por la noche, el ciudadano medio suele reunirse con su amigo, ir a un partido de fútbol, asistir a una conferencia, etc. Todo lo anterior demuestra que el hombre es un ser social por naturaleza. De allí surge el concepto de relaciones humanas como las acciones y actitudes desarrolladas por los contactos entre personas y grupos.

Cada individuo es una personalidad altamente diferenciada que influye en el comportamiento y actitudes de aquellos con quien se mantiene en contacto y que igualmente es bastante influido por otros.

Es principalmente dentro de la empresa donde surgen las oportunidades de relaciones humanas, en razón del gran número de grupos y de las interacciones necesariamente resultantes.

EL TRABAJO EN EQUIPO Y LA COMUNICACION

En la sociedad los seres humanos se hallan en mutua interdependencia y relación; entendida esta última como el lazo o vínculo que existe entre las personas y los grupos. El contacto recíproco. La comunicación y la interacción son tan esenciales para el individuo como para el grupo, de tal manera que sin ellas la persona difícilmente viviría y el grupo, de tal manera que sin ellas las personas difícilmente vivirían y el grupo dejaría de funcionar.

Las relaciones no se limitan solamente a los vínculos familiares o a las de parentesco, sino que influyen también compañerismo, enemistas, competencia. , en lo que haga en sociedad va repercutir en otros y viceversa.

Ahora bien las relaciones funcionan de varias formas. Es decir influyen varias maneras de comportarse. Algunas de estas son positivas y otras negativas

ACTITUD: Es una manifestación externa de la disposición o estado de ánimo.

Las positivas: Son aquellas que demuestran justicia, armonía y amistad.

Las negativas: Son aquellas que demuestran injusticia, enemistad y discordia.

FORMAS POSITIVAS DE INTERACCIóN

Cooperación: Es una forma de relación social en la que más de 20 personas actúan conjuntamente para lograr los objetivos propuestos. Es decir, cada integrante del grupo desempeña sus funciones de la mejor forma posible para que la imagen y prestigio del grupo, o compañía se vean beneficiados.

Ejemplo: En cada turno que efectúo, procuro prestar el servicio de vigilancia y seguridad de la mejor manera posible, para dejar en alto mi imagen y la imagen de la compañía.

Llego puntual a recibirle el puesto al compañero consciente de que él también necesita descansar.

La cooperación necesita

Lealtad al grupo

Responsabilidad en el cumplimiento de las funciones

aComunicación permanente entre los miembros

Ventajas de la cooperación

Facilita el logro de los objetivos

Permite que haya armonía en el grupo

Incrementa la motivación para trabajar

El trabajo resulta menos agotador y rutinario, al trabajar con sentido

Acomodación: Es un proceso de adaptación que permite a las personas continuar sus actividades aun sin estar en completo acuerdo de opiniones.

Ejemplo: Algunos de los compañeros que tengo en el puesto no son de mi total agrado por su forma de ser. Sin embargo. Me acomodo a la situación para impedir o reducir los conflictos.

La acomodación es un medio de vivir en paz. De coexistir, que promueve en ocasiones la cooperación, entre los miembros. En otras palabras, modifico mis pautas de comportamiento con el fin de acomodarme a las de mis compañeros.

Ventajas de la acomodación:

Favorece la Cooperación

Eleva la calidad de vida laboral

Disminuye los conflictos

Asimilación: Es un proceso por el que dos o más personas o grupos aceptan y realizan las pautas de comportamiento del círculo social al que ingresan.

Aún cuando esta planteado de esta forma se debe pensar que es un fenómeno unilateral. Al contrario, es una relación de interacción en la que ambas partes actúan recíprocamente; la persona que llega a la cultura y el grupo o persona que la recibe y la acepta.

Ejemplo: La persona que ingresa a una empresa de seguridad con el propósito de prestar un servicio, debe empezar por asimilar la cultura de la compañía, lo cual incluye aprender la política interna, las consignas generales y específicas, el funcionamiento, etc.

A su vez los empleados antiguos están en él deber de aceptar al nuevo vigilante y en lo posible colaborarle para que este proceso se lleve a cabo de la mejor manera posible, logrando que la persona logre rápidamente se sienta identificada y se contagie de la cultura de su empresa. En otras palabras, es darle una cordial bienvenida y motivarle hacia su trabajo en la compañía. Esto se aplica no solo a la persona que ingresa a una empresa de seguridad; incluye a demás al vigilante que llega por primera vez a un puesto.

La asimilación necesita:

Actitud abierta y sanan de las partes

Aceptación voluntaria de participar en el proceso

Madurez y rectitud de ambas partes

Lealtad hacia las políticas de la Compañía

Ventajas de la asimilación

Facilita la adaptación hacia el cargo y hacia la compañía

Promueve los sentimientos de integración y cooperación

Evita el estrés y los conflictos (Calidad de Vida)

Si estos procesos se logran, con el correr del tiempo, la cultura de la Compañía se hace cada vez más sólida y los empleados con su excelente servicio marcan una pauta de diferencia con relación a las empresas donde no se han llevado a cabo.

Formas negativas de interacción

Conflicto: Es la forma de interacción por la que dos o más personas tratan de excluirse mutuamente, bien sea aniquilado una parte a la tras o bien reduciéndola a la reacción.

El conflicto se considera como medio para un fin. Es una relación humana recíproca en la que participan dos partes y en cuyos inicios se dan diversas formas de conducta inconformista. Estas se manifiestan con palabras, ademanes o aciones como injurias, aversiones, rivalidad, desprecio, ataques personales y físicos. El conflicto frecuentemente brota de la competencia y la oposición.

Ejemplo: Un grupo de personas que con sus actitudes e ideas buscan poner a los demás compañeros en contra de la compañía; en el fondo buscan protagonismo, suplir intereses individuales y desestabilizar el sistema laboral.

Obstrucción: Es un proceso social en el que cada una de las personas o grupos contrarios tratan de impedir que la otra logre sus objetivos, sea que ella misma desee obtenerlo o no.

A veces se la considera como una forma cortés y elegante del conflicto, dado que implica hostilidad y antagonismo, pero sin atacar directamente y de frente al contrario.

Ejemplo: Esta se presenta bajo muchas formas y se manifiesta en las tácticas consistentes en postergar, denunciar, obstaculizar y frustrar a los otros, en hacer campañas de falsos rumores

CAPITULO XI

VIOLENCIA INTRAFAMILIAR

Clave para practicar:

¿Si me estuvieran mirando los mencionados arriba?

¿QUIÉNES NOS IRRESPETARON?

Principales: Padres, parientes o adultos encargados de mi infancia, profesores.

Secundarios: hermanos, amigos,

sociedad, ex noviazgos,

ex matrimonios o actuales

Relaciones

Explícita o sutilmente

Nos programa para pensar y actuar de maneras equivocadas.

Nos causan problemas para amar y para formar hogares armónicos

Conciente o inconscientemente

YO

TESTIGO = VICTIMA

Negar, imponer, proveer de mala gana, ridiculizar o echar en cara necesidades básicas. (Alimento, cariño físico y verbal, ropa, techo, educación, transporte, higiene). Comparación con el reino animal. ¡Los niños requieren de sacrificio!

• Resiente dárselas a hijos (o malcría) y se las niega a sí mismo y

a pareja (Regla de tres con hijos y pareja: afecto, atención, gratitud) Tacaño a la hora de dar afecto. Atrofia empatía.

•Hoy es el día para hacer a feliz a: pareja o hijo

Transmitirle culpabilidad con comentarios como "Se dan cuenta, ya pusieron a su papá de mal genio".

"Ya tenían ustedes que hacer que su mamá se enfermara".

"Sigan peleando y verán que su papá se va a ir de la casa otra vez".

"Si me da un paro cardíaco y me muero es culpa de ustedes".

"Si no se callan me tiro del carro", "Los voy a mandar a un internado", "Ustedes me van chiflar".

Corregir con golpes o gritos, o amenazar físicamente.
(vídeo JONY LINGO)

"Soy una persona mala y debo ser castigado". Auto-castigo. (relaciones), o se rebela contra todo (rencoroso).

Se pierde el amor de los hijos "Imposible amar al que se teme".

Inseguro e indeciso y corazón lleno de miedo.

Mentiroso y falso, por miedo a castigo y rechazo.

Odia al sexo que lo agredió.

Buscará pareja que confirme patrón amoroso o su opuesto

"Aquel que me ama me hará daño".

Problemas de aprendizaje por perturbación emocional

Corregir con golpes o gritos, o amenazar físicamente

Se desquita con el que puede (hermanos, pareja).

- Se rompe el diálogo, la confianza y cunde el miedo.

- Vergüenza familiar (evitan reunirse para no recordar su dolor).

- Idealiza a verdugo para tolerar su maltrato o lo resiente.

- Se empeña en castigar a los demás excesivamente..

•Cuerpo tenso.

•Culpabilidad por haberle deseado el mal a su agresor.

ERRORES APRENDIDOS AL PRESENCIAR ESCENAS COMO ESTAS:

1.Se debe maltratar.

2.2.Se debe humillar.

3.3.La mujer debe ser sumisa y apocada.

4.4.Está bien burlarse.

5.Está bien golpear a otros.

6. "El autoestima no se desarrolla sino hasta que vemos con claridad los errores de nuestra crianza".

CONSECUENCIA DE MALTRATAR A HIJOS

"Si maltratas a tus hijos, ellos permitirán que otros también los maltraten debido a que tú los habrás acostumbrado a ese maltrato".   A.S. Neill

"El maltrato que recibimos de nuestros padres nos enseñó a maltratarnos a nosotros mismos". Dr. John Bradshaw

Abuso verbal (groserías)

•Baja autoestima.

•Repite el mismo patrón.

• Muy sensible a las palabras de otros.

OBJETIVO:

Resaltar la importancia del buen trato en las relaciones humanas para que su vida y labor como vigilantes sea más amena.

- mediante la reflexión (ahora que estoy vivo) sensibilizar a los estudiante acerca de la importancia de expresar el afecto a sus personas queridas.

Las relaciones de los vigilantes con la familia, los compañeros y los clientes.

TRATO:es el contacto con las demás personas durante la actividad laboral el contacto con otras personas.

En un sitio de trabajo no solo es importante conocer las condiciones físicas de trabajo y las funciones si no que también las personas con las que vamos a tratar.

La aceptación y el sentirse bien dentro del lugar de trabajo va a depender de mi comportamiento que reflejara el buen trato o el mal trato hacia los demás.

La educación y el buen trato o mal trato no esta relacionado con la raza, con la capacidad económica, nivel de estudios, religión. Etc.

OBJETIVO: Fortalecer los valores y virtudes de los alumnos para que haya un verdadero compañerismo e identidad con la profesión de vigilante

VIRTUDES DE UN VIGILANTE

Prudencia

Justicia

Fortaleza

Templanza

PRUDENCIA

Adelantarse a las circunstancias, tomar mejores decisiones conservar la compostura y el trato amable en todo momento, forjan una personalidad decidida, emprendedora y comprensiva.

JUSTICIA

Respetar los derechos naturales de las demás personas, todos somos iguales y tenemos derecho a la vida y a realizarnos en todas las dimensiones.

FORTALEZA

Es la virtud de la fuerza interior, psíquica y espiritual, valentía, firmeza, coraje, magnanimidad.

TEMPLANZA

Impulso para satisfacer mis necesidades.

Necesidades del hombre según Maslow

PILARES DE LA ÉTICA PROFESIONAL

Vocación

Aptitud

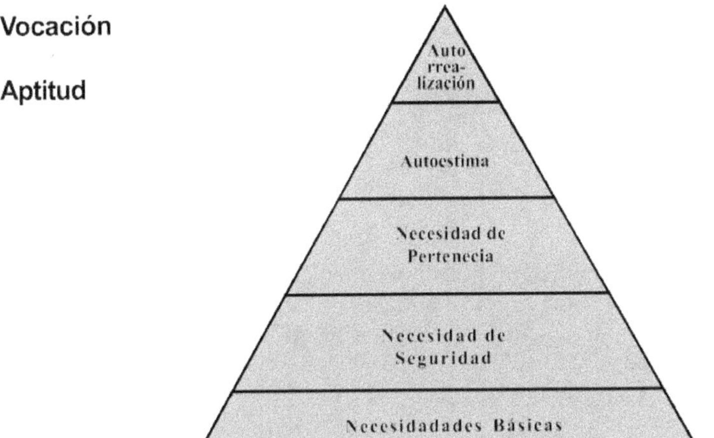

RAFAEL DARIO SOSA GONZALEZ

Ingreso a la Escuela Militar (Ejercito de Colombia) el 5 de enero de 1982, Se ha desempeñado en los siguientes cargos: Director de Seguridad y Servicios **INDUSTRIAS ALIMENTICIAS ARETAMA S.A.**, Gerente Programa de Seguridad Electrónica Defensa Civil **SAFE GUARD PROTECTION,** Asesor Seguridad de **TRANSPORTES DE VALORES,** Asesor Programa de Seguridad Electrónica **SEGURIDADATLAS,** Jefe de Seguridad a Nivel Nacional **COLTANQUES,** Jefe de Seguridad y Operaciones Empresa de Vigilancia y Seguridad Canina **LA PROVEEDORA,** Asesor en Seguridad **POLLO FIESTA LTDA,** Asesor Área Operativa Empresa de Seguridad Privada **SOVIPLTDA,** Asesor Área de Capacitación en Seguridad Empresa de Administración y Servicios en Propiedad Horizontal **ADRIH LTDA,** Docente de Institución Seguridad Latinoamericana **INSELA,** Subgerente (Propietario) Escuela Nacional de Vigilantes y Escoltas **ESNAVI LTDA.** Entre los estudios realizados: Diplomado en Gerencia para la Seguridad Empresarial, Diplomado en Seguridad Empresarial, Diplomado en Gestión de la Seguridad, Gerencia Estratégica de Servicios, Seminario Comites de Seguridad Industrial y de Salud, Seminario Gerencia de Seguridad, Seminario de Ergonomia, XXV Congreso de Seguridad Integral, IX Jornada Latinoamericana de Seguridad e Higiene en el Trabajo, XXVI Congreso de Seguridad Integral e Higiene en el Trabajo, Programa Maestro de Seguridad Integral y Salud Ocupacional, Liderazgo Estrategico en la Dirección de Almacenes, Curso Basic Voice Stres Examiner, Sociologia Para la Paz, Derechos Humanos, Negociación y Resolución de Conflitos.

Gerente Escuela de Capacitación de Vigilantes y Escoltas **ESNAVI Ltda.**

www.ingramcontent.com/pod-product-compliance
Lightning Source LLC
Chambersburg PA
CBHW051426150726
48000CB00005B/1977